La historia de Jorge es un testimonio dramático de la asombrosa gracia de Dios y su poder para cambiar vidas.

Muchos pueden dar testimonio de la fuerte pasión de Jorge por Jesús y su incansable compromiso de servir a su Salvador.

Mientras que algunos pueden cuestionar su relato de experiencias personales, nadie puede cuestionar su fidelidad al Señor Jesús. ¡El entusiasmo de Jorge es contagioso!

Al leer su autobiografía, confío en que se sentirá inspirado a caminar diariamente con el Señor Jesús en una fe simple y genuina.

—Donald Denyes, pastor
South Church, Lansing, Michigan

El Camino Milagroso y el Después

MI VIAJE *desde* *la* ADICCIÓN *hacia* *una* VIDA ABUNDANTE

JORGE NAVARRO

INTRODUCCIÓN POR JUAN JOEL REYES

El camino milagroso y el después

©2023 por Jorge Navarro

Todos los derechos reservados.

Ninguna parte de este libro puede reproducirse, almacenarse o transmitirse comercialmente por ningún medio: grabación electrónica, mecánica, fotográfica (fotocopia) o de otra manera sin el permiso por escrito del autor en cualquier forma sin el permiso por escrito del autor.

Portada por Corb Felgenhour

ISBN-13: 9798852657442

Para mis cuatro hijas

Capítulos

1. Un comienzo difícil 1
2. Un hombre de familia 8
3. De mal en peor 17
4. Cruzando la línea 25
5. Brian Phillips 33
6. La Caída 42
7. Milagros para millas 50
8. Las vueltas correctas. 64
9. Amigos para el viaje 71
10. Una semilla cae en el camino 84
11. Tractores desde el cielo 89
12. A través de campos de cosecha 99
13. El camino de la vida 111
14. Hoy 119

Fotos 122

Agradecimientos

En primer lugar, agradezco a Dios por sus continuas respuestas a la oración y por proporcionarme todo lo que necesitaba para escribir este libro. Quiero agradecer a todos los hermanos y hermanas que me alentaron y me apoyaron financieramente para hacer posible este libro. Un agradecimiento especial a mis fieles pastores, el Pastor Daniel Moreno, el Pastor Joel Reyes y el Pastor Don Denyes, por su continua guía y ministerio en mi vida. También quiero agradecer a Carol Felgenhour por ayudarme a encontrar las palabras en inglés para mis ideas. Gracias a Ro Smith por su ayuda con las correcciónes. Y finalmente, gracias a mi encantadora esposa, Francisca, por su apoyo inquebrantable.

Introducción

El testimonio de Jorge contado en este libro, es un recordatorio del gran poder de amor y misericordia de Dios, para levantar a un hombre de una vida dolorosa y sin esperanza , y convertirlo en un hombre nuevo, trasformado por el Señor Jesus .

Mi oración es para que todos lo que lean esta autobiografía, y estén pasando por lo mismo que paso Jorge, se sientan identificados y encuentren en el Señor Jesus una esperanza para una vida nueva.

—Juan Joel Reyes, Pastor
Ministerio Proclamación Internacional,

Capítulo 1

- Un comienzo difícil -

NACÍ EN EL VALLE DE SANTA BÁRBARA EN EL CORAZÓN DE México. La ciudad de Santa Bárbara es una pequeña comunidad rural rodeada de exuberantes montañas cubiertas de árboles que se levantan a todos los lados en picos verdes profundos con sombras azules brumosas. El pueblo consta de sencillas casas de adobe, cada una pintada con colores vibrantes de rojo, azul, verde, amarillo, naranja y blanco construidas en las laderas de las colinas y se unen en la parte inferior donde corre un río. Es el río Conchos, nombrado así por los Conchos de España que se establecieron allí en la época de los conquistadores. La zona produce nueces, mezquite, enebro, duraznos, peras y manzanas, y se encuentra sobre vastas minas subterráneas cargadas de oro, plata, plomo y minerales preciosos.

Todos estos recursos son propiedad de inversores ricos de otros países, que contratan a los locales como mano de obra barata para trabajar la tierra. La gente local recibe lo que podrían considerar un salario decente, o al menos uno que es mejor que nada, para realizar el peligroso trabajo de la minería. Estos valientes hombres y niños descienden en cuerdas, profundo en las grietas de la tierra para tallar el oro, la plata y los minerales de las rocas y llevarlos a la superficie. Allí eventualmente se cargan en teleféricos que se extienden por el valle. ¡Con todos estos recursos naturales, el valle es rico! Pero la gente es pobre, y mi familia era aún más pobre.

Mi casa era una casa blanca sencilla en las afueras de la ciudad. Teníamos un poco más de espacio en el borde de la ciudad donde nuestra propiedad se deslizaba hacia la ladera de la montaña. Mis primeros recuerdos son en esta pequeña casa en el valle, donde vivía con quince hermanos y hermanas, mi abuela y algunos animales de granja que criábamos.

Aunque mi vida temprana pueda sonar idílica, desearía poder decir que esos eran tiempos más simples. Desearía que mi corazón pudiera calentarse con los recuerdos de mi familia estando todos juntos, rodeados de la belleza escénica de las montañas verdes bañadas por el sol que nos rodeaban, pero esos recuerdos son más amargos que dulces. Experimenté desesperación y oscuridad en ese lugar.

Recuerdo desde muy joven, alrededor de tres o cuatro años, saber que algo no estaba bien en mi familia. La casa estaba llena de sonidos de discusiones y malas palabras. Mi padre tenía un temperamento muy malo. Lo vi abusar de mi madre mientras profería palabrotas. Se acostumbró a llamarme "maldito infeliz".

Sabía que esto no estaba bien. Había estado en presencia de otras familias a mi alrededor. Los veía llevándose bien, con los niños jugando juntos pacíficamente. Quería tener una vida así, pero parecía imposible para mí. Mi creciente frustración con mi situación familiar causó en mí mucha ira, así que incluso desde una edad temprana, el odio crecía en mi corazón.

Odiaba a mi padre.

Mi abuela vivía en la casa con nosotros. Recogía los huevos de nuestras gallinas y nos ayudaba a cuidar los animales en nuestra tierra en el valle, pero ella y mi padre no se llevaban bien. Tan lejos como podía recordar, mi abuela tenía dientes rotos. La explicación que había oído era que mi padre y mi abuela habían discutido. Mi padre golpeó a mi abuela tan fuerte que le rompió los dientes frontales. Arreglarlos estaba fuera de cuestión en términos de dinero, así que su sonrisa quedó desigual por el resto de su vida. Estas imágenes de violencia y recuerdos de palabras malvadas son mis primeros recuerdos de la infancia.

Mi padre trabajaba en las minas de oro y plata, y aunque trabajaba muy duro toda mi vida, con dieciséis hijos en mi familia, nunca había suficiente dinero para todos. Recuerdo tener que ir a la escuela todos los días con ropa raída y todos nosotros usando zapatos de plástico baratos.

Nos mudamos del valle a una casa en Chihuahua durante mis años escolares, pero esto no mejoró mucho nuestra situación. La única casa que podíamos pagar era un viejo establo de burros. Era un edificio de adobe con techo de lámina y ventanas abiertas. Mi padre razonó que lo

3

limpiaríamos y lo arreglaríamos para vivir allí. Fue un trabajo duro limpiar los establos y cavar los pisos a través de capas de lodo, paja y viejo estiércol para hacer pisos nivelados para las habitaciones. El poco dinero que teníamos se destinaba a algunos materiales de construcción para intentar cubrir las puertas y ventanas, porque al principio solo teníamos sábanas raídas para cubrir las ventanas y las puertas por la noche, y plástico negro sobre la puerta. Siempre teníamos miedo de que pudieran entrar ladrones, y de vez en cuando entraban perros callejeros, saqueando la poca comida que teníamos. Todos los días hacíamos lo que podíamos para hacer una casa en la que pudiéramos vivir, sobreviviendo con tortillas de maíz y té caliente para llenar nuestros estómagos que rugían intensamente después de un día de trabajo duro.

Desde que empecé la escuela primaria, los demás niños empezaron a intimidarme. Veían que era pobre por el hecho de que no tenía ropa ni zapatos decentes que usar.

"Jorge, estás muy sucio, y tu ropa está mal," decían. Ni siquiera podía defenderme de las acusaciones que hacían porque todas eran ciertas.

Tan pronto como salía de la escuela, tenía que correr a casa lo más rápido que podía porque nunca había suficiente comida para nuestra gran familia. Mi mamá hacía un plato de tortillas y generalmente había suficiente para dos tortillas por persona, a veces solo una, y si no era uno de los primeros en llegar a casa, quien llegaba primero comía más de su parte, dejándome sin nada que comer.

Después de años de ser intimidado sin piedad, alrededor del quinto grado comencé a escuchar voces en mi cabeza diciéndome que tenía que defenderme. Necesitaba lastimar a esas personas que me lastimaban. Fue entonces cuando empecé a pelear con mis compañeros de clase. Hasta ese momento, no me había defendido, pero esos pensamientos comenzaron a apoderarse de mi mente. Finalmente, cuando un compañero de clase me molestó diciendo: "Eres un niño pobre y sucio", peleé con él y le rompí el brazo.

De alguna manera, logré graduarme de la escuela primaria. Más que nada, quería continuar con los niños de mi edad. Esperaba asistir a la escuela secundaria local, pero costaba dinero asistir allí. Mi padre me dijo que no había forma de que pudiera ir a esa escuela. Él tenía su mente hecha de que la escuela secundaria era para personas ricas, pero yo quería ir tanto. Mi madre sabía lo angustiado que estaba con la reacción de mi padre, y ella quería hacerme sentir mejor.

"Sí, Jorge, puedes ir. Por favor, no te preocupes", me tranquilizó. "Tomaré algunos trabajos extra, lavando y planchando ropa para conseguir el dinero para tu escuela".

Estaba agradecido de que mi madre estuviera dispuesta a asumir este trabajo extra después de todo lo que hizo para cuidar a mis hermanos y a mí. Como prometió, trabajó horas extras y logró hacer suficiente dinero para mi matrícula y libros. Me inscribió y empecé la escuela en el otoño.

A pesar de que mi madre creía en mí, parecía estar decidido a tomar malas decisiones. Aquí estaba con una oportunidad de oro para continuar mi educación como los otros niños y obtener la educación que necesitaba para hacer algo de mí mismo. En lugar de eso, de inmediato comencé a hacer amigos equivocados. Empecé a fumar cigarrillos y a tomar pastillas, y rápidamente pasé a vender pastillas a los otros estudiantes para ganar dinero y mantener mi hábito.

Para conseguir las pastillas en primer lugar, inventaba una historia de que necesitaba algo para la escuela. Mi mamá proporcionaba diligentemente su dinero ganado con esfuerzo, que yo rápidamente gastaba en cigarrillos y pastillas. Con todas las sustancias que estaba tomando y con mi enfoque en estos negocios deshonestos, era tan mal estudiante que nunca pude pasar las pruebas de fin de año para avanzar al siguiente grado.

Amaba a mi madre. Sabía cuánto se preocupaba por mí y cómo trabajaba hasta el hueso para darme todas las oportunidades de éxito. Esta verdad me hizo finalmente sentir culpable por desperdiciar el dinero por el que ella había trabajado tanto, sin mencionar cuánto había tomado de ella para gastar egoístamente, así que le dije que me sacara de la escuela. Ella trató de insistir en que continuara, pero yo dije: "Ya no voy a esa escuela. Estás trabajando demasiado, y yo no soy un buen estudiante".

Nunca le dije lo que realmente estaba haciendo en secreto para causar mi propio fracaso. Le dije que había decidido que prefería ir a trabajar, así que me retiré de la escuela secundaria.

Inquebrantable en su apoyo, mi mamá incluso me ayudó a empezar a ganar mi propio dinero. Ella dijo: "Haré burritos y donas, y tú puedes llevarlos a vender en los bares y cantinas".

Compró todos los ingredientes para hacer sus recetas especiales de burritos caseros y donas frescas y fritas. Todo era hecho a mano y empacado para que yo lo llevara y lo vendiera a las personas que entraban en las cantinas. Una vez que vendía los productos, se suponía que debía traer parte del dinero de regreso a ella para que pudiera comprar la siguiente ronda de suministros para hacer más.

No tuve problemas para vender la comida, pero muchas veces después de vender todo lo que ella hizo, gasté el dinero en lo que quisiera. Me quedaba toda la noche bebiendo y usando drogas con mis amigos. A veces me quedaba fuera dos o tres días y volvía después de gastar todo el dinero de mi mamá.

Aunque me molestaba estar haciendo esto a mi mamá, la libertad que tenía me hacía sentir como un hombre de verdad, ganando mi propio dinero, comprando lo que quisiera y quedándome fuera tanto como quisiera. Tenía trece años.

Cuando finalmente regresaba a casa, mi papá sabía lo que estaba haciendo, y me golpeaba fuertemente con un cinturón. Esto me hacía aún más enojado. Lo odiaba aún más.

Capítulo 2

- Un hombre de familia -

Cuando mis amigos de la escuela comenzaron a cumplir quince años, fui invitado a varias fiestas de quinceañera. Estas fiestas, que son tan elaboradas y lujosas como las bodas, son el punto más alto de la vida social tanto para los adolescentes varones como para las adolescentes mujeres. En una de estas fiestas, conocí a una chica bonita y de espíritu libre. Me hice buen amigo de esta chica. Después de un tiempo, me enamoré de ella y ella me correspondió. Estuvimos juntos por unos dos años cuando ella quedó embarazada de mi hija. Ella sólo tenía diecisiete años en ese momento.

Los padres de ella estaban muy molestos con ella por quedar embarazada fuera del matrimonio. Su madre se enfermó mucho debido al estrés y terminó yendo al hospital. Mientras su madre estaba en el hospital, yo llevé a la chica a la casa de mis padres.

Mi madre estaba dispuesta a acogernos, pero tuve que pedirle permiso a mi padre. Sorprendentemente, él estuvo de acuerdo.

Me advirtió: "Jorge, si te quedas aquí, tendrás que trabajar. Deberás mantener a esta chica y a su hijo".

Al principio, hice lo que mi padre dijo. Trabajé y apoyé a mi bebé y a su madre, pero casarme y ser padre no me convirtió automáticamente en una persona responsable. No era un buen hombre. Secretamente veía a otras chicas mientras estaba con ella. Naturalmente, ella estaba muy enojada conmigo, pero desafortunadamente para ella, sentía que no tenía otra opción que quedarse conmigo, el padre de su hijo.

Terminó la escuela secundaria mientras estaba embarazada, dio a luz a mi hija el día de su graduación, y luego nos casamos. No usaré su nombre aquí, solo la llamaré mi esposa, por respeto a ella. Sus padres nos permitieron vivir con ella ese primer año hasta que nos mudamos con uno de mis hermanos. A pesar de que la madre de mi hija ahora era mi esposa, pensaba que tener otras mujeres a un lado era parte de ser un hombre y esperaba que ella lo entendiera.

Cuando tenía dieciocho años, conseguí un buen trabajo vendiendo equipo comercial para Prichisa, una empresa exitosa en Chihuahua. Resultó que era muy bueno en ventas. Hice que la empresa ganara millones de pesos al mes. Mi salario era tan alto que a veces olvidaba cobrar mis cheques de comisión, así que solo los recordaba cada poco mes para obtenerlos. Ahí estaba yo, apenas considerado un adulto, trabajando en mi propia oficina con mis propias secretarias, un coche de empresa, todo lo que podía desear.

Uno pensaría que esta exitosa carrera en los negocios me alejaría de las fiestas con amigos de baja calaña de mis años anteriores, pero mis nuevos asociados me dieron muchas oportunidades para socializar. Estaba haciendo conexiones con personas de alto nivel, verdaderos hombres de negocios, y muchas mujeres de negocios también. Cuando cerrábamos un gran negocio, hacíamos grandes fiestas con alcohol, drogas y todo lo que puedas imaginar. Estas fiestas eran en casas bonitas, con buen champán y whisky caro. Cuanto más altas se volvían mis asociaciones, mayores eran mis ambiciones y mayores eran mis adicciones.

Estas fiestas a veces me llevaban a quedarme fuera de casa durante varios días. A mi jefe no le importaba que hiciera esto, y a veces asistía a las fiestas él mismo. Confío en que cuando regresara, me reconectaría con mis clientes, los cuidaría de nuevo y volvería a hacer dinero.

Mientras tanto, mi pobre esposa estaba en casa cuidando de mi hija sin ayuda de mí ni dinero. En una ocasión, me quedé fuera durante siete días malgastando mi salario en una fiesta salvaje. Aún queriendo mantener las apariencias, inventé una historia de que alguien me robó todo el dinero de mi billetera para evitar que mi esposa supiera lo que había hecho. Ella me creyó. En esa ocasión, pude ir al día siguiente con mi jefe y pedir las comisiones que había estado acumulando, para poder llevar el dinero a casa y mantener a mi esposa pacificada.

Todo este tiempo, mi esposa fue fiel y paciente. Pensó que tal vez si tuviéramos más hijos, eventualmente me asentaría, aprendería a disfrutar de estar en casa y me convertiría en un verdadero hombre de familia. Quedó embarazada de mi segunda hija y un año después, de mi tercera. Desearía poder decir que tener tres hijas hermosas y una esposa amorosa me habría ganado la vida familiar. En cambio, con el tiempo, me volví aún más distante de mi vida en casa y más arraigado en mi estilo de vida de fiesta.

Recuerdo a mi padre acercándose a mí para suplicarme: "Jorge, ya tienes veintiún años. Es hora de cambiar tu vida". Esto todavía no tuvo efecto. Aunque sabía que tenía razón, me sentía impotente para cambiar.

***

Tuve varias aventuras con mis asociadas comerciales mujeres. Algunas de ellas las mantuve al mismo tiempo, lo que llevó a más mentiras y más mujeres que estaban infelices conmigo. Uno de mis peores momentos fue cuando una de las mujeres vino a mi casa para discutir conmigo, ¡con mi esposa e hijas presentes!

"Jorge, ¿por qué no me has llamado? ¿Cómo te has olvidado de mí? ¿Por qué no te he visto?" Seguía hablando.

Le dije que había estado ocupado y le hice excusas delante de mi esposa, quien con razón quería saber quién era esta mujer y por qué decía estas cosas. Le dije que era una de mis clientes. En ese momento, no me sentí triste ni culpable. Sentí que mi comportamiento era comprensible porque era un hombre.

Finalmente, después de que nació mi tercera hija, mi esposa cambió su manera de tratarme. Admitió para sí misma que no solo estaba abusando de sustancias, sino que también me estaba siendo infiel. Finalmente, comenzó a defenderse.

11

El camino milagroso y el después

Me dijo: "Jorge, si puedes irte durante días y quedarte con otras mujeres, yo también puedo hacer lo mismo contigo". Le dije que adelante y que no me importaba. Por supuesto, sí me importaba. Aunque le había sido infiel muchas veces, no podía soportar la idea de que ella me dejara por otro hombre.

Estaba tan arraigado en mis patrones destructivos que me sentía impotente para elegir algo diferente. Estaba miserable. En este punto, mi cerebro estaba frito. No recuerdo haber decidido dejar a mi esposa, pero en algún momento, después de que nació mi cuarta hija, simplemente dejé de volver a casa.

Nunca volví a mi esposa ni a mis hijas de nuevo.

***

Antes, podía mantener mi negocio al menos en apariencia, pero después de dejar a mi esposa, comencé a beber tanto que ya no estaba rindiendo en mi trabajo. Perdí clientes rápidamente porque no los estaba cuidando. Finalmente, mi jefe, quien yo consideraba mi amigo más cercano, me despidió. Me sorprendió descubrir que una vez que ya no estaba ganando dinero para él, ya no le importaba lo que me sucediera. Lo había considerado uno de mis pocos amigos verdaderos.

Me sentí tan solo y deprimido. Por necesidad, conseguí un trabajo como conductor de chofer para pasajeros de autobús. Ganaba buen dinero en este trabajo, pero bebía todos los días. A los conductores se les permitía llevar un termo de agua al trabajo todos los días, pero yo llenaba el mío con cerveza. Después de cuatro o cinco horas conduciendo, estaba completamente borracho con un autobús lleno de pasajeros. Un día, en mi estado de ebriedad, incluso causé un accidente que envió a cinco personas al hospital. Desearía poder decir que esto fue mi llamado de atención, pero continué así durante varios años.

Cuando no estaba conduciendo o en el bar, estaba consumiendo drogas y de fiesta con diferentes chicas. Comencé a vender drogas nuevamente para ganar más dinero. No importaba cuánto dinero ganara conduciendo y vendiendo drogas, gastaría cada centavo saliendo hasta que no me quedara nada. Una vez que estuve completamente quebrado, me presentaría en casa. Esto causó una gran cantidad de peleas con el resto de mi familia, especialmente con todos sabiendo que todavía estaba casado y tenía una esposa y cuatro hijas sin sustento. Sabía que lo que estaba haciendo estaba mal y me avergonzaba del dolor que estaba causando a mi familia, pero al mismo tiempo sentía que no podía detenerme.

Eventualmente, mi padre pudo encontrar un trabajo muy bueno como guardia en la notoria prisión de Cerezo en Juárez, la principal del estado de Chihuahua. Con un mejor salario, el nuevo trabajo de mi padre hizo una vida mejor para mi familia. Pude vivir en casa y ayudar a mi madre con parte de mi salario, por lo que había más dinero para repartir. Mi padre se destacó allí en su nueva posición. Logró niveles más altos en la prisión hasta que finalmente se convirtió en el comandante. Aunque era un trabajador duro y se destacaba en este ambiente difícil, el nuevo trabajo de mi padre lo hizo aún más violento y abusivo de lo que era antes. Como comandante en un lugar tan difícil como la prisión de Cerezo, tener armas y poder acentuó sus tendencias violentas. No solo fue más duro conmigo, sino que también fue más verbal y físicamente abusivo con mi madre.

Debido a mi irresponsabilidad, era difícil vivir conmigo para mis padres, pero ellos continuaron permitiéndome vivir

13

en casa en ese momento. A pesar de eso, seguí con mi estilo de vida de fiesta. Al final de la noche, después de dejar a mi última carga de pasajeros, recogía a mis amigos con el autobús, conduciendo por la ciudad hasta después de la medianoche. A menudo seguía conduciendo por la ciudad recogiendo y dejando amigos y chicas, y festejando toda la noche hasta la madrugada. Cuando llegaba a casa, mi padre estaba furioso conmigo.

Una de esas noches, mi padre me recibió con un arma apuntándome directamente. Dijo: "Lárgate de aquí, Jorge, o te dispararé".

Desafiante, le dije que lo hiciera, pero le advertí que si fallaba, yo lo dispararía a él. Al mismo tiempo, lo desafié: "Si no estoy aquí, ¿quién protegerá a mamá de ti? Si la atacas, ¿quién se interpondrá en tu camino?"

"No le abras la puerta a Jorge nunca más", le instruyó a mi madre. Temía que yo regresara por la noche para dormir, y no quería que ella me dejara entrar a la casa.

Toqué la puerta una noche, borracho y drogado, suplicándole a mi madre que me dejara entrar. A pesar de que ella sentía lástima por mí, tenía miedo de ir en contra de mi padre.

Dijo: "Jorge, no puedo dejarte entrar. Tendrás que dormir en el autobús o algo así".

Estaba tan enojado de que no me dejaran entrar. No estaba en mi sano juicio. En un arrebato, me subí al autobús y lo conduje hasta el porche y choqué contra la casa. Por supuesto, mi padre se despertó y estaba furioso conmigo. Me arrestó, y gracias a sus conexiones con las autoridades, pudo pedir que me detuvieran una semana sin fianza para que aprendiera mi lección.

Estaba tan enojado con mi padre y con mi vida en general, que escuchaba voces en mi cabeza diciendo: "Mátate" o "mata a tu padre". Resistí esas voces. "No, no puedo hacer eso", pensé.

Tuve que pagarles a mis padres por todo el daño que había hecho en la casa. Aún seguía consumiendo drogas y en ese momento, se presentó otra oportunidad. Un amigo mío me preguntó si quería empezar a vender drogas con él. Después de mi turno en el autobús, mi amigo me daba paquetes de cocaína para vender en los bares después de cerrar. El grupo de choferes era una gran parte de mi base de clientes, y conocía a todos.

Tuve un gran susto en una de esas noches. Solía esconder los paquetes de cocaína debajo del capó de mi auto. Encontré a un cliente en el bar que pidió tres paquetes de cocaína. Cuando metí la mano en mi bolsillo, descubrí que solo tenía uno, así que decidí ir a mi auto para obtener más paquetes, los dos que ya había vendido y un par extra en caso de que pudiera venderlos también. Con el paquete que ya tenía en mi bolsillo, tenía cinco paquetes conmigo cuando volví adentro.

Mi amigo y yo teníamos vigilantes que estaban colocados alrededor del bar para asegurarnos de que nuestras transacciones no fueran notadas por las autoridades. Justo cuando estaba entrando con cinco paquetes de cocaína en mis bolsillos, recibí una señal del vigilante de que la policía estaba llegando.

La policía sabía que los choferes eran consumidores, por lo que rutinariamente buscaban drogas en personas y autos. No iba a ser arrestado con cinco paquetes conmigo y hacer que mi padre se enterara, así que fui al fondo del bar y entré al baño y cerré la puerta con llave detrás de mí. La policía me vio tratando de evadirlos, así que me siguieron y tocaron la puerta del baño.

"Un momento," llamé.

En ese momento, la opción fácil hubiera sido simplemente tirar los paquetes por el inodoro. Pero como adicto, en mi mente confundida, no podía soportar la idea de desperdiciarlo, así que me tragué los cinco paquetes con el plástico incluido. Una vez en mi sistema, los paquetes debieron haberse roto porque la cocaína me afectó fuertemente. Me sentía terrible. Mi corazón latía con fuerza y pensé que podría morir de un ataque al corazón en ese mismo instante. Pensé que podría ser el final para mí.

Lo único que se me ocurrió fue tambalearme hacia una pequeña tienda de conveniencia al otro lado de la calle para comprar un cartón de leche. La leche recubriría mi estómago y ralentizaría la absorción de la droga, o al menos eso esperaba. Me bebí la leche, y esta recubrió mi estómago, calmando la reacción de mi cuerpo. A pesar de haber tenido un encuentro cercano con la muerte, tan pronto como desapareció la sobredosis y los terribles sentimientos que la acompañaban, estaba listo para más.

CAPÍTULO 3

De mal en peor

Cuando tenía alrededor de veinticinco años, mi padre estaba en su oficina de comandante en la prisión de Cerezo. Hubo un levantamiento de los reclusos de la prisión. Los reclusos habían obtenido un arma, que irónicamente les había sido presentada por el sobrino de mi padre, a quien había dado trabajo como guardia allí. Un grupo de presos se escapó y entró en la oficina de mi padre y le disparó diecisiete veces.

Mi padre sobrevivió alrededor de un mes y medio en la UCI del hospital antes de fallecer. Había tantas cosas que nunca le había dicho. No tuve tiempo de decirle cuánto me habían lastimado sus palabras. Cómo mi vida se había visto afectada por nunca haber oído palabras amorosas de él, incluso cuando era niño, nunca lo había oído decir "te quiero" o cualquier cosa amorosa hacia mí. Su condena hacia mí, "maldito infeliz", se repetía en mi mente. Al mismo tiempo, también me sentía culpable por mi comportamiento y cómo lo había odiado. Una cegadora ira y un arrepentimiento desesperado llegaban en oleadas.

Este es el momento en que dejé mi trabajo como conductor de autobús de pasajeros y me convertí en un sin techo. No podía mantener un trabajo ni para salvar mi vida, literalmente. De alguna manera existí en las calles de Chihuahua en una profunda depresión.

Mi madre era una mujer fuerte. Vivía en la misma casa, nuestro establo renovado de burros, con algunos de mis hermanos y sus esposas. Con una vida tan difícil y el estrés del fallecimiento de mi padre, desarrolló muchos problemas de salud y presión arterial alta. A veces durante mi tiempo de sin techo, especialmente si mi hermana mayor no estaba allí para evitar que entrara, mi mamá me dejaba entrar a la casa para descansar y tener algo de comida. A veces incluso pasaba la noche, pero cuando despertaba, temblaba por no tener alcohol ni nada en mi sistema. Cuando me encontraba en este estado, necesitando una dosis y sin dinero con el que comprar algo, robaba el alcohol de fricción de mi mamá y lo mezclaba con agua. El alcohol de fricción, aunque puede embriagar a una persona, es extremadamente tóxico y peligroso para consumir, incluso en una pequeña cantidad. Recuerdo cómo quemaba al entrar en mi estómago. ¡Increíblemente, no me mató! Creo que esto sólo se debió a que Dios tenía un propósito para mi vida.

***

Incluso durante esos tiempos en los que estaba en las calles, Dios me estaba dando oportunidades. Conocí gente, mucha gente cristiana, que intentaba ayudarme. Los cristianos se detenían a hablar conmigo. Me daban folletos del Evangelio, o me decían: "Hijo, Dios te ama".

Yo les respondía: "No. Mírame. Dios no me ama".

Pero ellos insistían: "Dios te ama. Y tiene un propósito para tu vida. Él no ha terminado contigo". Recuerdo haber oído: "Lo que Él ha comenzado en ti, lo terminará".

Una vez, estaba muy enfermo porque no había tomado drogas ni alcohol esa mañana. Estaba durmiendo afuera en un estado de abstinencia en un calor extremo. Con el sol pegándome, yacía en la acera, vomitando.

Recuerdo a una señora que se detuvo para preguntarme: "¿Qué te pasó, hijo?" Ni siquiera pude responderle.

Pero ella persistió: "¿Qué te pasó?" Luego oró: "Señor, ten misericordia de este chico". Se fue y regresó con una taza de té en la que había puesto dos huevos crudos.

Una vez que lo bebí, me revivió. Me sentí mejor. Tenía la energía para seguir adelante. Pero usé esta energía para ganar más dinero y comprar más drogas.

El punto de compartir esas instancias es decir que mi problema no era que la gente nunca me ofreciera ayuda. Mi problema no era la falta de oportunidad. De hecho, muchas personas lo intentaron. El problema estaba conmigo y el hecho de que rechazaba la ayuda una y otra vez.

En ese momento parecía que esos actos de amabilidad y oraciones no tenían efecto en mí, pero quizás esas oraciones y buenas acciones plantaron semillas en mi corazón que no darían frutos hasta más tarde. Aunque no veía esperanza en ese momento, esas oraciones pusieron en movimiento la obra de Dios en los reinos espirituales en mi favor que más tarde se realizarían.

***

Mi recuerdo más doloroso fue algo que sucedió durante mi tiempo en las calles de Chihuahua. Me desperté en la acera una mañana con el sol de la mañana golpeándome. Estaba enfermo y apenas podía moverme ya que las sustancias que había usado la noche anterior estaban desapareciendo. Además, estaba sucio y descuidado por estar tanto tiempo afuera. Pero era lo suficientemente consciente como para darme cuenta de que algunos niños caminaban a una distancia segura alrededor de mí en su camino a la escuela.

Escuché a unas chicas diciendo: "¿No es ese tu papá que está acostado allí junto a la acera?"

Miré hacia arriba y vi que eran mis hijas pasando con sus amigas. Podía sentir su vergüenza al verme allí delante de sus compañeros, y esperaba que negaran conocerme. En cambio, respondieron: "Sí, ese es nuestro papá. Está muy enfermo".

Nunca olvidaré la vergüenza de ese momento. De todos los recuerdos dolorosos de mi pasado, este es el más difícil de compartir.

***

Finalmente dejé de intentar regresar a la casa de mis padres y me fui de Chihuahua por completo. Logré conseguir un aventón hacia el norte de un conocido, una de las conexiones que había hecho como chofer. Terminé vagando por varias ciudades fronterizas al sur de Texas y Arizona, durmiendo en las calles, casas abandonadas o casas que aún estaban en construcción y desocupadas. Si decidía mudarme a una nueva área, pedía un aventón a alguien que conocía. Entre mis contactos de chofer y de drogas, por lo general lograba encontrar a alguien con un autobús o un camión semi para ayudarme a mudarme y empezar de nuevo.

Durante un breve tiempo, me quedé en un basurero en Tijuana, México. Si has crecido en Estados Unidos, la idea de vivir en un basurero probablemente sea inimaginable. En México hay comunidades enteras de personas sin hogar que viven en vertederos urbanos. Hay hombres y mujeres, niños, ancianos y personas discapacitadas viviendo en montones de basura en refugios hechos de cartón y desechos.

Estas tierras son propiedad del gobierno, pero el gobierno no desaloja a las personas ni las ayudas de ninguna manera, simplemente las considera una fuerza necesaria para clasificar y reducir los desechos. Estos residentes tienen sus propias comunidades. Rebuscan en el vertedero diariamente buscando metales para reciclar o cualquier objeto de valor, con la esperanza de intercambiarlo por un poco de dinero para comprar suficiente comida para el día solo para seguir existiendo.

Existen riesgos evidentes, además de las vistas poco atractivas, los olores desagradables y estar hundido en la suciedad de los alimentos en descomposición y los residuos humanos. Las posibilidades de contraer enfermedades e infecciones son altas, así como las posibilidades de manipular desechos tóxicos peligrosos, sin mencionar las cortaduras y raspaduras al caminar por los afilados restos de metal y los fragmentos de vidrio rotos.

El camino milagroso y el después

La iglesia a la que asisto ahora realiza viajes anuales a Tijuana para construir casas, y el equipo va a este vertedero para repartir comida y ropa para ministrar a las personas allí. Entiendo que hay una iglesia y un pastor allí ministrando a las personas y que muchos de ellos han encontrado esperanza en Cristo.

Después de Tijuana, durante unos seis meses, viví en una choza improvisada en un vertedero en Juárez. Incluso hace veinte años, cuando estaba allí, había cristianos que entraban al vertedero con comida y ropa que compartían el evangelio conmigo. Incluso en este lugar oscuro, el Señor me estaba dando oportunidades. Todavía no lo había aceptado, pero milagrosamente, me mantuvo vivo a través de todo ese tiempo.

Mientras estaba en Juárez, tenía poco dinero para comprar drogas o alcohol, pero me volví adicto a inhalar aerosoles, que encontraba gratis y en abundancia en el basurero. Cuando no estaba usando aerosoles, usaba pegamento. Con todas estas sustancias, mi cerebro estaba destrozado, y después de meses de este estilo de vida, estaba completamente exhausto. A pesar de que todavía era un joven en sus veintes, el abuso que mi cuerpo y mi mente habían sufrido combinado con la exposición de vivir afuera durante todos estos meses me hizo tan cansado que pensé que no podía aguantarlo más.

No podía ver ninguna manera de salir de mis problemas, así que decidí quitarme la vida. Tomé un viaje con un amigo mío a Baja California. Él me compró una lata de cerveza tamaño jumbo para ayudarme a tomar valor mientras me conducía al océano. Como no sabía nadar, mi plan para acabar con todo era simplemente saltar al océano y dejar que las olas me llevaran hacia el mar.

DE MAL EN PEOR

Como probablemente habrás adivinado, el Señor tenía otros planes para mí. Ya que mi familia nunca había tenido los medios para viajar, nunca había visto el océano. Este sería mi primera vez viéndolo, y planeé que también sería la última. Pero en ese día, justo cuando estaba planeando saltar al agua, un enorme grupo de pelícanos voló y aterrizó en la costa. Nunca había visto un pelícano en la vida real, y mucho menos todo un grupo de cerca. Me intimidaron sus grandes alas y extraños picos abiertos. Había tantos que bloqueaban toda la costa. Me empujaron hacia atrás, muy lejos del agua, para que no tuviera la oportunidad de saltar.

Decidí entonces que tal vez no era mi momento de irme. Me propuse hacerlo mejor. Pero no estaba listo para enfrentar a mi mamá, mis hermanos y mis hermanas de nuevo en Chihuahua. Terminé pidiendo otro aventón a Agua Prieta, una ciudad en el estado de Sonora, México, justo al otro lado de la frontera con Arizona.

Una vez en Agua Prieta, logré conseguir un trabajo estable en la construcción. Al menos, trabajé tanto como pude, pero mi cuerpo estaba débil. El gerente era muy parecido a mí, trabajando duro para ganar dinero y luego gastándolo en drogas y cerveza. No mejoré mucho mi situación, salvo por hacer amistad con los trabajadores y compartir un departamento con ellos. Pero también eran adictos.

Una noche, tomé muchas drogas toda la noche, y a las cuatro de la mañana, sufrí una sobredosis. Mis amigos tuvieron que llamar a una ambulancia. Por unos minutos mi corazón se detuvo. Los paramédicos usaron un desfibrilador para reanimarme.

Esta fue otra experiencia cercana a la muerte para mí. Pero en el estado mental en el que me encontraba, no me preocupaba tanto. Estaba más preocupado de que durante los dos días que estuve atrapado en el hospital, no tuve acceso a drogas. Me temblaba el cuerpo por la abstinencia y no podía esperar para salir de allí.

Pensé, "Si muero, no pasa nada."

No me asustaba haber estado a punto de morir. Estaba cansada de vivir.

CAPÍTULO

4

Cruzando la línea

EN AQUEL TIEMPO, LOS AMIGOS CON LOS QUE TRABAJABA en la compañía de construcción decidieron que estaban aburridos de sus vidas sin futuro y querían "saltar" a Phoenix, Arizona, con la esperanza de encontrar mejores oportunidades allí. Robamos algo de dinero de la empresa de construcción, nos cargamos con drogas y alcohol, y contratamos a coyotes para que nos llevaran a través del desierto.

El viaje a América no fue fácil. Caminamos por el caliente desierto durante tres días y dos noches. En el camino, enfrentamos los peligros de serpientes y lobos, pero por la noche no podíamos hacer fuego por miedo a ser descubiertos por las autoridades. Para protegernos, dormíamos en el suelo en círculos rodeados de dientes de ajo para mantener alejados a los lobos y serpientes.

En un momento mientras caminábamos, estaba tan cansado que apenas podía levantar los pies. La arena caliente absorbió la energía de cada paso que daba en mi estado habitual de borrachera. Terminé cayendo en una gran zanja. La caída me lastimó la pierna, así que no podía caminar.

Mientras estaba acostado allí, escuché a los coyotes decir: "Déjenlo allí. No necesitamos a este tipo alcohólico ralentizándonos". Podrían haberme dejado allí, excepto que Dios estaba cuidando de mí incluso durante este tiempo. Sé que solo fue Dios porque en estas circunstancias, esos coyotes no habrían preocupado por lo que me pasara. Estaban haciendo un trabajo por encargo y no les importaba si no llegaba. Sorprendentemente, mis amigos convencieron a los coyotes de no dejarme por muerto.

"Jorge vino con nosotros. Él se quedará con nosotros", insistieron.

Mis amigos se colocaron a cada lado mío y me pidieron que pusiera mis brazos alrededor de sus hombros para que pudieran llevarme hasta que pudiera caminar de nuevo.

Cuando llegamos a Phoenix, los tres apenas podíamos caminar. Nuestros pies estaban cubiertos de ampollas enormes de caminar tantas millas en la arena caliente.

Cuando llegamos, nos quedamos en una casa con otros inmigrantes para recuperarnos y descansar del viaje, pero después de dos días, dejé a mis amigos allí. Para ellos, simplemente desaparecí. Estaban contentos con quedarse en la casa, pero yo estaba listo para hacer mi camino en Estados Unidos. En realidad, no tenía a dónde ir. Solo caminaba hacia ninguna parte en particular. Caminé cuatro o cinco horas, explorando la ciudad, hasta que llegué a la calle Van Buren.

La calle Van Buren era una arteria principal de la vida de la ciudad en Phoenix. Tenía muchas tiendas, teatros y buenos restaurantes. También era un lugar donde fácilmente se podían encontrar drogas, prostitutas, todo lo que me atraía. Me quedé allí seis meses, durmiendo en carros viejos en un depósito de chatarra y buscando sobras de restaurantes que pudiera encontrar en los basureros.

Uno de los peores días que recuerdo fue despertar en el depósito de chatarra, donde en la oscuridad de la noche me había metido en un auto familiar con un asiento trasero espacioso para dormir. Por la mañana estaba con resaca y confundido, pero el sol brillante me obligaba a despertar y hacía que el auto fuera incómodamente cálido. De repente me di cuenta de que estaba mojado, especialmente en la parte trasera de mis pantalones. No creía que estuviera sudando. Me pregunté qué había sucedido en la noche y pensé que tal vez había derramado algo. Entonces me di cuenta por el olor de que era orina. ¿Había meado mis pantalones?

Fue peor que eso.

Me sorprendió encontrar que había estado compartiendo el asiento trasero de ese auto con un extraño. Había estado durmiendo contra un hombre sin hogar que se desmayó y se orinó encima.

El horror que sentí quizás me sacudió lo suficiente como para poder verme objetivamente por un momento. Pensé que este debe ser el nivel más bajo de existencia posible. Sentí de nuevo la vergüenza de mis hijas al pasar junto a mí mientras yacía en la acera. ¿Cómo llegué aquí? Me sentía asqueado conmigo mismo, pero al mismo tiempo, me sentía impotente para cambiar mi vida.

Eventualmente, conocí a otros chicos inmigrantes en las calles. Decidimos unirnos para compartir un departamento. Tener un techo y una ducha fue una gran mejora en la calidad de mi vida. Pero mis nuevos amigos no eran la influencia positiva que necesitaba. Estos chicos eran todos adictos como yo. Sabía que algunos de ellos estaban robando para conseguir el dinero para el alquiler y las drogas. Algunos admitieron haber robado tiendas de conveniencia y gasolineras con pistolas de juguete. No quería nada que ver con las armas o cometer delitos.

Decidí conseguir dinero con trabajo honesto.

Es muy difícil encontrar cualquier tipo de empleo cuando eres un drogadicto sin número de teléfono o identificación, así que decidí ir a la esquina de la calle y ofrecerme como jornalero.

En cualquier ciudad cercana a la frontera es común ver inmigrantes con o sin cartones esperando en una esquina a ser contratados. Los contratistas o cualquier persona que necesite mano de obra no especializada para hacer trabajos pesados como limpiar patios, mover muebles, cavar rocas o llevar materiales en un sitio de construcción, sabe que puede encontrar mano de obra barata de esta manera. Yo me paraba en la esquina de la calle todos los días, esperando conseguir trabajo. La mejor opción es que te contrate un contratista decente y justo y encontrar un trabajo tolerable que dure unos días o semanas. Por supuesto, en cualquier día dado, no hay garantía. Podrías estar parado bajo el sol todo el día sin ofertas, pero a menudo encontraba trabajo.

Una mañana, vi una camioneta amarilla de servicio público dar vuelta en la esquina. Se acercó a mí y se detuvo. Cuando el conductor bajó la ventana, vi que era un hombre estadounidense blanco con cabello oscuro. "Oye, amigo, ¿buscas trabajo?", llamó.

Inmediatamente respondí, "Sí."

"Ven conmigo, amigo. ¿Hablas inglés?"

"No," dije. "¿Habla español?" Él dijo que no. Teníamos un problema.

Pero el hombre insistió, "Podemos solucionarlo."

El americano empezó a hacerme preguntas con el interés de entablar una conversación, y yo sabía lo suficiente de inglés para entender lo que me estaba preguntando, que eran cosas sobre mi vida personal.

"¿De dónde vienes? ¿Por qué estás aquí? ¿Por qué estás viviendo así en las calles?" Quería ayudar, pero no quería hablar de esas cosas.

Le dije algo así como "Me puedes dejar aquí porque hablas demasiado."

Cambiando de tema, me preguntó: "¿Tienes hambre, Jorge?" Por supuesto que tenía hambre, pero le expliqué que no tenía dinero. "No te preocupes. Vamos a desayunar", dijo.

Me llevó a un McDonald's para conseguir unos Egg McMuffins, y nos sentamos en una pequeña mesa adentro. Antes de comer, quería rezar.

"No me preguntes sobre mi vida", le expliqué en "Spanglish". "Mi vida es triste. Es mediocre. Es solo mala, así que no preguntes".

Para ese entonces, ya había aprendido que el nombre del americano era Brian. Brian razonó conmigo, con cariño, de una manera que me irritó. "No, Jorge. Tu vida no es mala. Solo estás teniendo días malos. Pero puedes hacer días buenos. Empieza contigo mismo". Sintiendo mi incomodidad ante su desafío, siguió: "¿Por qué no vienes y trabajas para mí? Vamos a trabajar. Podemos hablar después".

Así que fui a trabajar para Brian.

Toda la mañana estuvimos trabajando duro, construyendo en una casa vacía. Hice lo mejor que pude, pero mi cuerpo empezó a rebelarse. Necesitaba algo. Una bebida. Pero no tenía nada que beber. Justo entonces, recordé que tenía un pequeño pedazo de crack que había estado guardando en mi bolsillo. Inventé una excusa de que tenía que ir al baño. En mi camino, miré alrededor en el suelo hasta que encontré una lata vacía de Coca-Cola. Pude hacer un agujero en el fondo de la lata para hacer una pipa de crack. Brian sabía que no estaba haciendo algo bueno.

"Te tardas mucho en hacer pipí, Jorge", me llamó.

"Tengo la vejiga pequeña", me quejé y le di todo tipo de excusas.

"No te estoy juzgando, Jorge".

Conseguí mi dosis para poder pasar el día. Cuando terminamos, me pagó por el día, alrededor de $40. Lo primero que hice fue comprar comida para hacer quesadillas para los demás chicos en el apartamento, y también compré drogas y las amontoné en la mesa de la cocina para todos nosotros, suficientes para durar toda la noche. Esta era mi triste vida. No era vida en absoluto.

La mañana siguiente, fui a la esquina de nuevo, y puedes adivinar quién fue el que me recogió. Fue Brian. Me recogió para trabajar todos los días durante dos semanas.

Después de dos semanas, estaba empezando a conectarme con él, como la única persona que estaba realmente llegando a mí de una manera que no había experimentado antes.

"Jorge, ¿quieres cambiar tu vida?" preguntó.

"No", respondí. No tenía ambición. No tenía visión. Y se lo dije. "No sé lo que estoy haciendo de un día para otro." Le expliqué cómo no podía volver con mi esposa o mi madre en México, cómo mi padre fue asesinado. Pensé que esto lo ayudaría a entender que no tenía más opción que vivir como lo hacía. No aceptaría mis excusas.

"No Jorge", dijo él. "Hay una oportunidad para ti. Hay esperanza para ti". Después de una pausa, continuó: "Mi esposa y yo hemos decidido invitarte a quedarte con nosotros".

"No, Brian. No puedo hacer eso", expliqué, "porque soy adicto. ¿Te imaginas lo que tu esposa dirá cuando me vea? ¿Y tus hijos?"

"Jorge", persuadió él. "Mi esposa y mis hijos están de acuerdo. Todos queremos que vengas".

¿Realmente estaban de acuerdo? No podía creerlo. Esto parecía una idea terrible, pero prometí pensarlo.

"Dime mañana. Sabes, Jorge, es un poco como dice la Biblia que hoy es el día de salvación porque no estamos garantizados para mañana", continuó Brian emocionado. "¡Pero mañana!" Anunció. "No para la salvación... la salvación vendrá más tarde. Te estoy pidiendo que te mudes

31

mañana. Es una oportunidad para que vengas a mi casa y experimentes una vida diferente. Mañana es la única oportunidad. Después de eso, no habrá más oportunidades".

Brian no era excesivamente religioso. No me había explicado sobre la salvación en ese momento, pero era una persona tan encantadora que me despertó la curiosidad. ¿Cómo sería probar algo diferente? Tal vez pueda intentarlo.

Al día siguiente, cuando vino a recogerme, desayunamos. Todo ese tiempo, no lo mencionó. Fuimos al sitio de trabajo y comenzamos a trabajar. Mientras trabajábamos, empecé a hablar con él sobre mi vida. Aunque la conversación era difícil debido a la barrera del idioma, esta vez fui sincero con él.

Finalmente preguntó: "Bueno, ¿qué decidiste?"

Todo ese tiempo, nunca había dicho gracias por su amable oferta, su generosidad diaria, pensando en mí, pasando horas tratando de tener una conversación conmigo, comprándome desayunos. En ese momento, nunca se me ocurrió decir gracias. Supongo que, durante mi educación, no había escuchado esas palabras en casa o no me habían enseñado a buscar cosas por las cuales estar agradecido.

Dije: "Bueno, lo intentaré. Pero ten paciencia conmigo. No puedo cambiar rápidamente." Le pedí que me dejara ir al apartamento para decirles a todos los chicos que me iba y recoger mis cosas.

Para mi sorpresa, dijo que no. "Esos no son tus amigos, Jorge. Ven a mi casa. No necesitas nada. No necesitas llevar ropa. Deja todo atrás y no mires hacia atrás." Eso es exactamente lo que hice.

# CAPÍTULO 5

Brian Phillips

VIAJANDO EN EL ASIENTO DEL PASAJERO DE LA CAMIONETA amarilla en camino a casa de Brian, estaba temblando. Tenía el estómago revuelto y estaba muy nervioso por mudarme a la casa de los Phillips. No sabía cuánto tiempo podría mantenerme unido, ni cómo reaccionaría su familia cuando me vieran.

Cuando llegamos a la casa, Brian me acompañó hasta la puerta principal. Usó su llave para abrir la puerta, pero al hacerlo, ésta se abrió de golpe. Era su esposa, Lynn. Me sorprendió que pareciera feliz. Salió a través de la puerta para recibirme, me dio un gran abrazo y dijo: "Te quiero, Jorge".

El camino milagroso y el después

¡No podía creerlo! Luego salieron sus hijos. Sus dos hijos, Dave y Steve, que eran adultos en sus veintes, y su hija adolescente, Dawn, salieron a saludarme. Cada uno me dio un abrazo y me dijo que me quería.

"Pensé: ¡guau!" No podía creer que se acercaran a mí de esta manera. No sabía qué hacer con esto. Sentí un peso levantado de mí. No sabía qué decir. No pude evitarlo. Las lágrimas comenzaron a correr por mi cara. No había recibido un abrazo ni escuchado a nadie decir que me quería desde que dejé a mi familia en México seis años antes.

Por primera vez en mucho tiempo, pensé que podía tener un nuevo comienzo. Los Phillips me trataron como a un miembro de su familia. Tenía mi propia habitación, una ducha caliente y personas que se encargaban de mí. Por primera vez en mucho tiempo, sentí que era importante.

Al día siguiente, Brian anunció: "No estamos trabajando hoy. Hoy, vamos de compras". Brian y Lynn me llevaron a la tienda Goodwill para comprar ropa "nueva". Los Phillips celebraron mi llegada esa noche con mi comida favorita de Kentucky Fried Chicken, y Brian alquiló una película de Jackie Chan para ver juntos.

Esta se convirtió en una tradición regular con Brian, ver películas de Jackie Chan y comer KFC, además de muchas horas de conversación. Utilizando un diccionario español-inglés, Brian y su familia hicieron un gran esfuerzo por interactuar conmigo y conocerme. Llegué a conocer bien a la familia Phillips. Habían venido a Arizona desde Michigan porque el negocio de la construcción estaba en auge allí.

Otro aspecto positivo de trabajar con Brian era que estaba aprendiendo habilidades de reparación para el hogar por primera vez. Estas eran habilidades nuevas para mí, habiendo venido de ser un conductor de autobús y, antes de eso, un vendedor. El tipo de construcción que había hecho en México era muy rústico según los estándares estadounidenses, por lo que, aunque me dio cierta preparación para ayudar a Brian, no había aprendido verdaderamente la artesanía antes. Por primera vez, estaba aprendiendo a hacer reparaciones en el hogar y a usar herramientas adecuadamente. Este es un conocimiento que sería muy importante para mí más adelante en una ocupación que aún no había imaginado en este punto. Al mismo tiempo, Brian me estaba compartiendo a Cristo, poco a poco.

Desearía poder decir que di un giro completo en mi vida en el momento en que me mudé con los Phillips, pero tomó tiempo. Intenté usar muy pocas drogas o alcohol durante este tiempo porque tenía miedo de que Brian me expulsara de la casa, y que desperdiciara esta gran oportunidad. Sin embargo, todavía intentaba encontrar una manera de conseguir esa alta.

Cuando recibía uno de mis cheques de pago de Brian, le decía que quería ir a la tienda a comprar una Coca. Una vez en la tienda, en lugar de eso, compraba cervezas y las bebía antes de regresar. Por supuesto, estar en ese ambiente en la licorería me hacía recordar esos viejos antojos.

Rápidamente descubrí que los chicos que trabajaban en este lugar también vendían crack, así que un día cedí a la tentación. Compré una pequeña cantidad de crack y lo fumé antes de volver a casa.

Brian lo sabía. "Jorge, tienes que cambiar completamente tu vida para que no pierdas tu oportunidad", continuó, "y es hora de que comiences a ir a la iglesia porque yo puedo ayudarte y otras personas pueden ayudarte, pero hay alguien que puede ayudarte mucho más que yo. Ese alguien es Jesucristo".

En el momento en que pronunció las palabras "Jesucristo", sentí una opresión en el pecho. Sabía que tenía que ir. Esto puede sonar como si estuviera bajo algún tipo de convicción. Sin embargo, en ese momento, mi corazón estaba completamente cerrado. Más tarde la gente me preguntó si era el Espíritu Santo hablando a mi corazón en ese momento, pero en ese momento sentí solo la obligación de hacer lo que Brian dijo porque estaba en su casa.

Dije: "De acuerdo, iré".

Brian sabiamente no me llevó a su iglesia porque sabía que entendería poco del mensaje. En cambio, encontró una iglesia en español para mí. Cuando llegamos a la iglesia, esperaba que se quedara conmigo, pero él dijo que no. "Voy a mi propia iglesia y vendré por ti después, porque la iglesia en español tarda más". De hecho, nunca quiso ir porque en sus palabras, "la iglesia en español tarda demasiado".

Incluso recuerdo el sermón que predicó el pastor y el pasaje, que era Mateo 11:28: "Vengan a mí todos los que están cansados y agobiados, y yo les daré descanso". Ese verso habló directamente a mi corazón. Descanso era exactamente lo que necesitaba, pero nunca encontré en todas las cosas que perseguí. Sentí que el pastor estaba hablando directamente conmigo.

Mi primer pensamiento fue: "¿Por qué ese tipo?", esto es lo que llamé al pastor en mi mente, "ese tipo, hablando todo sobre mi vida a todas las personas en la iglesia?".

Pensé que tal vez Brian lo había advertido de que yo iba a ir y que ahora estaba dando un mensaje que pensaba que necesitaba escuchar frente a toda su congregación. Podría estar equivocado, pensé. Traté de razonar conmigo mismo que nadie me estaba observando mientras él hablaba, pero aún así sentía que todo lo que decía iba directamente hacia mí. Sentía que me estaba señalando específicamente. Planeé tener una conversación seria con Brian cuando llegara a casa, para preguntarle por qué había compartido todo lo que le había confiado.

No obstante, el mensaje era convincente, y al final del mensaje, el pastor preguntó si alguien quería recibir a Jesucristo en su corazón.

"Solo levanten la mano", instó, "y abran su corazón a Cristo".

Me sentí expuesto. Aunque estaba sentado en el último banco, pensé que la gente podría estar mirándome. Noté que la gente estaba cerrando los ojos, así que pensé que mejor debería hacer lo mismo. Por alguna razón, imaginaba que si no lo hacía, alguien vendría y me señalaría para decir: "¡Oye, no tienes los ojos cerrados!". ¡Y entonces estaría en problemas!

Así que cerré los ojos, pero estaba decidido a no levantar la mano.

Dios tenía otros planes para mí. De alguna manera, durante el tiempo que tenía los ojos cerrados, Dios trajo a mi mente toda mi vida. Escenas de todo lo que había hecho mal pasaron por mi mente en sucesión: todas las veces que tomé dinero de mi mamá, cada lugar en el que había consumido drogas, en todas partes donde había estado pidiendo dinero. Vi toda mi vida como una película y reconocí todos mis pecados. Olvidé a todos los demás a mi alrededor en la habitación. Estaba de rodillas, llorando, con las manos levantadas a Dios pidiéndole que abriera mi corazón y cambiara mi vida.

Grité: "¡Te necesito, Dios!".

Cuando terminé, abrí los ojos y habían pasado dos horas. Solo el pastor estaba allí orando a mi lado. Todos los demás se habían ido.

"Jorge, acabas de abrir tu corazón a Jesucristo. Tu vida ha cambiado y el Espíritu Santo vendrá contigo", dijo el pastor emocionado.

Yo también estaba emocionado. Salí de esa iglesia sintiéndome ligero y libre por primera vez en mi vida.

Brian estaba sentado en el estacionamiento esperándome. Le dije: "¡Brian, ahora estoy salvo! ¡Realmente fui salvado hoy!" Estaba tan emocionado de que hubiera recibido a Jesús como mi Salvador. Decidió celebrar con la familia llevando a casa un cubo de mi comida favorita, Kentucky Fried Chicken. Cenamos juntos y la familia Phillips quería escuchar acerca de mi salvación.

Seguí asistiendo a esa iglesia hispana. Fue un lugar maravilloso para comenzar mi vida con Cristo. Me sentí nuevo. Estaba experimentando la libertad por primera vez de las adicciones a las que había sido esclavo toda mi vida. Fue un tiempo bendecido de conocer al Señor a través de su palabra. Tenía la comunión de los pastores y otros creyentes en mi iglesia, y además de todo eso, tenía la seguridad de vivir con los Phillips nuevamente. Por supuesto, como los creyentes experimentados saben, la salvación puede suceder en un instante, pero la santificación es un proceso.

La gran sensación que tuve de convertirme en un nuevo creyente duró un tiempo. Sin embargo, no pasó mucho tiempo antes de que otro sentimiento empezara a atormentarme. Empecé a pensar en mi propia familia en México. Tal vez fue ver a los Phillips, esta amorosa familia, interactuando diariamente lo que me hizo pensar en mi propia familia en México. ¡Mis hermanos, mis hermanas, mi esposa! Todavía era mi esposa en ese momento, ya que todavía no estábamos divorciados. ¡Y mis hijas!

***

La primera persona a la que llamé fue a mi mamá. Cuando llamé, ella contestó el teléfono. Estaba en shock. Desde que me fui hace más de seis años, ella tenía miedo de que hubiera muerto. Le aseguré que estaba bien. Le expliqué dónde había estado todo este tiempo. Le conté acerca de mi tiempo en las calles y mi nueva vida con la familia Phillips. Por primera vez le dije a mi mamá que lo sentía. Nunca antes le había pedido disculpas. Sentí que se quitaba otro peso de encima al pedirle perdón.

"Lo siento, mamá. Fui un mal hijo", admití.

"Nunca fuiste un mal hijo", me consoló entre lágrimas. "Oraba por ti. Oraba todos los días".

Me hizo prometer que la llamaría a partir de entonces, e intenté mantener esa promesa llamándola casi todos los días. Estaba muy agradecido de poder escuchar la voz de mi madre y tener una relación con ella de nuevo. Sentí que esa llamada telefónica con mi mamá cambió mi corazón. Desde ese momento, me sentí limpio. Ya no tenía deseos de drogas ni alcohol. Dios me había curado de mi adicción, y con todos los buenos sentimientos que tenía en la iglesia hispana, no vi señales de que volvieran esos viejos hábitos.

El camino milagroso y el después

Más tarde intenté contactar a mis hijas y pude encontrarlas con la ayuda de mi mamá y hermanos. ¿Qué podía decir para arreglar las cosas después de abandonarlas y dejarlas sin padre para defenderse y proveer por sí mismas? Para el crédito de mi exesposa, ella no volvió a casarse, pero ella y su familia lograron criar a las niñas en un hogar lleno de amor.

Pude llamar a cada una de ellas para pedirles perdón. Ninguna de ellas quería tener nada que ver conmigo, y aunque estaba decepcionado, no podía culparlas por no querer abrir sus vidas a mí de nuevo. Si no fuera por Dios, ahí es donde hubiera terminado mi relación con mis hijas.

Después de vivir con los Phillips por cerca de un mes, tenía suficiente dinero de trabajar para Brian como para mudarme a un lugar propio. Una amable señora cristiana que Brian conocía de la iglesia había convertido su garaje en un apartamento tipo estudio. Aceptó rentármelo por un buen precio. Esto le dio a ella algo de ingresos y me proporcionó un lugar propio y asequible para vivir. Estaba en un buen lugar, ganando mi propio dinero y viviendo libre de la influencia de drogas y alcohol.

En un momento dado, justo cuando Brian había venido a Phoenix para encontrar buen trabajo en la construcción, encontró una oportunidad temporal para construir algunas casas en Colorado, así que sugirió que buscara otro trabajo mientras él estaba fuera. Solicité en una carpintería y fui contratado sin problemas. El trabajo era constante y el pago era bueno, lo que me permitió ahorrar algo de dinero para comprar mi propio auto.

Me sentía muy fuerte en mi nueva vida con Cristo y caminando en el Espíritu Santo, pensé que nada podría derribarme. Tenía ese "primer amor" de un nuevo creyente, aprendiendo las Escrituras y asistiendo a servicios de adoración de tres horas con personas que tenían tanta alegría en el Señor que estaban bailando y saltando en los pasillos.

Estaba tan emocionado por mi nueva vida y la libertad que estaba experimentando de todas mis adicciones anteriores, que no vi venir un nuevo pecado. Después de cuatro meses como nuevo cristiano, me estaba volviendo un poco demasiado religioso y orgulloso de mí mismo.

Un domingo en particular, después de un servicio de adoración largo y conmovedor, finalmente salí de la iglesia a las tres de la tarde. Estaba pensando en lo fuerte que me había vuelto y en lo religioso que era. En ese momento, sentí que nada podía tocarme. Incluso dije en voz alta: "¡Wow, me siento tan fuerte en el Espíritu! Ni el diablo mismo puede atacarme".

Dentro de horas de mi jactancia orgullosa, el diablo vino a demostrarme lo contrario.

Capítulo 6

La caída

Después de salir de la iglesia, me detuve en una tienda Circle K para poner gasolina a mi auto. Mientras estaba estacionado en la bomba, un auto negro largo entró a la estación. Era una limusina negra. Me pregunté qué estaba sucediendo mientras el misterioso auto se estacionó paralelo a mi auto. Vi que la ventana de la limusina se bajó un poco.

No pude ver quién estaba dentro del auto, pero vi un brazo que se asomó por la ventana y lanzó un paquete desde la ventana abierta hacia mi ventana abierta del lado del pasajero. Luego, el auto se alejó. Nadie me dijo una palabra, pero quien estuvo adentro arrojó una bolsa desde su ventana abierta hacia la mía. Era una bolsa de cocaína.

La Caída

La limusina se alejó. De inmediato, mi cuerpo empezó a temblar. No estaba seguro de qué haría con la bolsa en ese momento, pero entré a la tienda y compré un paquete de 24 cervezas. Volví a mi auto y conducí fuera de los límites de la ciudad de Phoenix. Encontré un parque donde no había nadie cerca y comencé a consumir. Primero el alcohol y luego la cocaína. ¡Ni siquiera lo estaba disfrutando!

Para hacer este día aún más extraño, la limusina llegó al parque donde estaba. La ventana trasera se abrió nuevamente, y alguien desde adentro arrojó un segundo paquete hacia la ventana trasera. ¿Me habían seguido fuera de la ciudad? ¿Y por qué harían esto? Tal vez era un traficante tratando de reclutarme. No lo sabía, pero tontamente consumí el segundo paquete también.

Finalmente, a las 6 de la mañana, estaba listo para ir a casa. Sentía que las drogas y el alcohol no me afectaban de la misma manera que solían hacerlo, tal vez porque la adicción física había desaparecido o porque el Espíritu Santo en mí no me permitiría disfrutar de regresar a mis pecados. Tal vez tenía demasiado miedo de las consecuencias después de haber llegado tan lejos. Una cosa de la que estaba seguro es que estaba exhausto por estar fuera toda la noche.

Cómo llegué a casa, no lo sé. Estaba tan confundido en mi cerebro por la cocaína y estar despierto toda la noche. Esto fue antes de la época de los teléfonos celulares y el GPS, y había salido lejos de la ciudad a un lugar desconocido para mí. No conocía el camino de regreso a mi estudio y no estaba en mi sano juicio. En ese momento tenía una luz trasera apagada, así que tenía miedo de que la policía me detuviera y me encontrara bajo la influencia. De alguna manera, no fui detenido. Ni siquiera tuve la presencia de ánimo para rezar por mi propia seguridad. Conducía como un zombi. Contra todo pronóstico, llegué a casa como si alguien me estuviera guiando.

Cuando llegué a mi casa, mi casera salió a mi encuentro.

"He estado esperando por ti, Jorge", dijo con preocupación. Dios me dio un sueño, y en el sueño el Espíritu Santo me habló y me mostró dónde estabas en tu coche en el parque. Te vi, Jorge. Vi que estabas consumiendo drogas. Me quedé despierta toda la noche rezando por ti porque sabía que Dios te traería de vuelta. Rezaba para que regresaras sano y salvo".

Me quedé asombrado e instantáneamente humilde. ¿Cómo pudo haberme visto en el parque? Su sueño era de Dios.

"Ven conmigo en mi coche", dijo. "Vamos a la casa del pastor. Necesitas buscar la reconciliación con Dios porque lo que estás haciendo no está bien".

En un arrepentimiento inmediato, acepté fácilmente ir directamente a la casa del pastor para contarle todo lo que había sucedido esa noche. Una vez que el pastor escuchó lo que había dicho cuando salí de la iglesia el día anterior, me instó a nunca tentar al diablo de nuevo.

"Jamás digas que eres más fuerte que el diablo. Podrías estar dándole permiso para atacarte", me instruyó mi pastor. "Él no puede tocarte sin el permiso de Dios, pero si lo tientas, pedirle a Dios permiso para dañarte. La próxima vez, si te sientes fuerte en el Espíritu, sólo da gracias a Dios."

Mirando hacia atrás en ese tiempo, sentí que lo que sucedió en el parque fue una batalla espiritual. El Espíritu de Dios dentro de mí estaba en guerra con mi carne. La parte de

LA CAÍDA

mi carne cedió a la tentación de la cocaína, pero no disfruté de ello. Creo que el Espíritu Santo que vive en mí no me permitiría ser feliz volviendo a ese comportamiento. Creo que había un demonio en ese auto, o al menos una persona bajo una fuerte influencia satánica. Cuando pienso en cuánta cocaína tenía, fácilmente podría haber sufrido una sobredosis, pero una vez más, Dios cuidó de mí y me llevó a casa sano y salvo.

A partir de entonces, traté de no tentar al diablo de nuevo, pero después de pedir perdón e intentar vivir de nuevo por el Espíritu, volví a sentir que mi fuerza estaba de regreso. Después de unos meses, esas tentaciones habían desaparecido por completo, pero no me atreví a decir nada sobre el diablo. Me atreví a decir sólo: "¡Me siento bien! ¡Me siento bien! ¡Gracias, Dios!"

Un domingo, no mucho después de eso, tuvimos un evangelista que visitó nuestra iglesia. Él enseñó en la Escuela Dominical y dio el sermón de la mañana.

"Oye, joven", llamó el evangelista. Yo era un joven en ese momento, de unos 27 años. Me hizo una señal para que me acercara a él.

"El Señor está diciendo que quiere usarte", declaró. "Pero no será aquí. Te irás a otro estado." En ese momento, no podía imaginar lo que quería decir. "Pero", advirtió, "¡el diablo no está contento! ¡Así que ten cuidado! El diablo quiere matarte. No le gusta lo que estás haciendo". Profetizó esto sobre mí y oró por mí. Durante días y semanas después, pensé en las palabras del evangelista. Sólo podía imaginar cómo se desarrollaría todo.

El camino milagroso y el después

***

Aproximadamente tres semanas después, estaba en un restaurante mexicano con uno de mis amigos. Me encanta el marisco, y a mi amigo también, así que cada uno pidió una gran bandeja de mariscos. Una gran cena después de una larga semana de trabajo realmente me hizo sentir bien, y qué bueno se sentía ser un hombre trabajador, poder permitirme una cena tan agradable de vez en cuando. Nos llenamos con langosta y camarones, acompañados de una Coca-Cola mientras hablábamos juntos.

Después de comer, mi amigo dijo que tenía que irse, pero decidí quedarme más tiempo por mi cuenta. Cuando finalmente me levanté para irme, me sentí mareado. Mirando hacia atrás ahora, creo que alguien puso algo en mi bebida. Debo haberme desmayado.

Lo siguiente que supe, desperté en una habitación con las manos atadas y la boca tapada con cinta. Cuando abrí los ojos por primera vez, me horroricé al darme cuenta de que no podía moverme ni hablar, pero en el momento en que comencé a moverme y luchar contra las restricciones, alguien vino y me dio una inyección en el brazo que me hizo volver a dormir. Estuve allí en ese estado durante días. Mis captores me daban agua de vez en cuando cuando estaba despierto. A veces me despertaba y los veía y los escuchaba hablar, pero no podía entender lo que decían. Estaban hablando en inglés. No podía entender qué querían hacer conmigo. Cuando estaba despierto, estaba asustado y deprimido, pero con todas las drogas que me estaban dando, estaba entrando y saliendo del sueño todo el tiempo. Estaba completamente confundido acerca de lo que me estaba sucediendo.

LA CAÍDA

Lo único que pude entender fue que me habían robado mi cartera. En ese momento, estaba ganando buen dinero en la carpintería, todo lo cual me pagaban en efectivo. Trabajaba largas horas y recibía pago por horas extras, así que a menudo llevaba mucho efectivo conmigo, pagando en tiendas y restaurantes con efectivo de mi cartera. Probablemente debería haber sido más cuidadoso al no mostrarlo cuando pagaba. En ese momento, tenía entre tres y cuatro mil dólares conmigo. Mis captores se habían llevado el efectivo. Solo podía adivinar qué planeaban hacer conmigo.

El siguiente evento solo puede ser explicado por la intervención del Señor. Después de unos cinco días, mis captores dejaron la habitación de hotel, dejándome atado en el piso del baño. Mientras estaba allí completamente solo en el frío piso de baldosas, incapaz de moverme, con las muñecas irritadas por la cinta adhesiva, escuché un golpe en la puerta. Para mi asombro, alguien llamando mi nombre. Apenas podía responder con mi boca tapada. No había forma de que pudiera llegar a la puerta para abrirla, pero finalmente la puerta se abrió de golpe. Escuché a alguien gritar que los tipos se habían ido y que Jorge estaba aquí. Era una voz que conocía bien: la voz de mi Padre Espiritual, Brian Phillips.

Sabía que estaba desaparecido y me había estado buscando. Había encontrado mi vehículo en el hotel y había persuadido al gerente para que abriera la puerta. Nunca estuve tan feliz de ver el alto y robusto cuerpo de Brian entrando por la puerta. Se movía rápidamente, sin saber si los malos volverían pronto o si tenían armas, así que no se molestó en desatarme. Me recogió en brazos y me sacó de allí.

En las horas siguientes, le conté todo lo que sabía a Brian, y juntos tratamos de unir los eventos para encontrar cualquier misterio más profundo detrás de mi secuestro, aparte del aparente motivo del dinero en efectivo. Independientemente de lo que pudiéramos descubrir, Brian no se sentía seguro permitiéndome regresar al estudio. Tenía miedo de que estos criminales supieran dónde vivía. Razonamos que podrían querer algo más de mí, o podrían intentar eliminarme ya que podría haberlos identificado. Brian me llevó directamente a su casa, y nunca volví al estudio nuevamente.

"No tengas miedo, Jorge. Cuidaré de ti", prometió Brian.

Perdí mi trabajo en la carpintería porque, desde su perspectiva, desaparecí sin decir una palabra durante una semana.

Afortunadamente, con Brian de vuelta en la ciudad, pude volver a trabajar para él, y estar en la casa de los Phillips fue la mejor manera de recuperarme.

Me sentí tan seguro y bendecido. Estaba viviendo de nuevo con mis padres espirituales. Sentí que la vida era buena de nuevo y que seguramente Dios estaba cuidando de mí.

***

Estaba en completo shock cuando un mes después Brian vino con lo que para mí era una noticia muy triste. Su familia vendería la casa y se mudarían de regreso a Michigan.

No había visto esto venir. ¿Qué haría? En la casa de los Phillips me sentía tan seguro. Me sentía como un niño pequeño. Ahora estaría solo de nuevo sin hogar ni trabajo, y todavía era un nuevo creyente. Brian sugirió que me quedara en la casa durante un par de semanas hasta que se cerrara la venta para que tuviera tiempo de encontrar otro trabajo y un lugar para vivir. Estaba devastado.

"¿Por qué? ¿Por qué me estás haciendo esto?" le pregunté al Señor, y luego recordé las palabras del evangelista.

"Dios quiere usarte en otro estado, pero el diablo no está contento con lo que estás haciendo, y tratará de matarte."

El diablo había intentado matarme, tanto en el parque como en el hotel, tal como me había advertido el evangelista. ¿Ahora se suponía que debía ir a otro estado?

Capítulo 7

Milagros para millas

"Tal vez puedas unirte a nosotros más adelante, Jorge", sugirió Brian. "Dejémonos establecer en Lansing y encontrar una casa. Luego, si quieres, puedes mudarte con nosotros allá. Pero eres bienvenido a quedarte aquí hasta que venga el nuevo dueño".

Nos despedimos y vi a la familia Phillips alejarse. Me sentía como un perro abandonado por sus dueños. Me senté en el porche y lloré.

No sabía qué hacer. Todavía tenía poco dinero, después de que me robaran mis "ahorros", y no había tenido mucho tiempo para acumular más. Todavía no había reemplazado mi auto que me robaron los secuestradores. Ni siquiera había intentado recuperar mi trabajo en la carpintería después de lo que pasé. Lloré y le pedí a Dios que me dijera qué hacer.

Esa noche, me fui a dormir en la casa vacía. Alrededor de las dos de la mañana, tuve un sueño. En el sueño, sentí que Dios me decía: "Ve a Lansing. Síguelos".

En el sueño, conducía por todo el país, estado por estado, y en cada estado alguien me ayudaba. Sentí que Dios me estaba mostrando que ese era su plan para mí. Debía ir, y Él enviaría a alguien para ayudarme en cada estado por el que pasara. Me aseguraba: "No te preocupes. Enviaré ayuda cuando la necesites". Sentí que me estaba mostrando que en este viaje, sería como los israelitas vagando por el desierto durante cuarenta años. Dios proveería para mí todo el camino.

A la mañana siguiente, hablé con un hermano cristiano de mi iglesia. Sabía sobre mi situación, pero aún no sabía sobre el sueño.

Él dijo, "Jorge, no tienes carro. No tienes nada. Permíteme darte este carro".

Lo que me ofreció era su viejo Toyota con el parabrisas roto, necesitando urgentemente una afinación, un escape y llantas. ¡Pero funcionaba!

Estaba empezando. Dios estaba abriendo un camino para que yo obedeciera su llamado. Eran las siete de la mañana después del sueño, ¡y ya tenía un auto! Esto me dio confianza. Empecé a hablar con amigos y cualquier persona que quisiera escuchar sobre mi plan de ir a Lansing. No sabía nada de la ciudad ni dónde estaba. Algunas personas que conocían Michigan señalaban la mitad de la palma de su mano abierta. Más tarde, aprendería que esto es lo que todos los nativos de Michigan hacen para explicar la ubicación de varias ciudades dentro del estado. El estado tiene la forma de una mano o un guante, por lo que los lugareños aprovechan tener un mapa literalmente "a mano".

Tenía alrededor de cincuenta dólares en el bolsillo. Lo llevé a la gasolinera y compré un tanque de gasolina y un atlas. Allí me encontré con un amigo mío que había conocido en las calles. Se llamaba Mike. Impulsivamente, le pregunté: "¿Quieres ir a Lansing, Michigan?"

Él preguntó si sabía cómo llegar allí.

Dije: "No sé. Todo lo que sé es que la gente me dice que está aquí", señalando mi palma.

"¿Cuánto dinero tienes?" preguntó.

"Dos dólares", dije esperanzado.

Lo siento, no tengo nada", se disculpó.

"No importa", dije, "Porque yo tengo fe".

Mike entendiblemente no compartía mi optimismo. "La fe no te llevará allí. También necesitas dinero".

Miró mi auto. Los neumáticos eran donas. No tenía herramientas, cables, repuesto, gato, y sabíamos que tomaría mucha gasolina para cruzar las montañas.

Dijo: "¡No hay forma de que llegues a Lansing en ESTE auto!"

Le expliqué que me había convertido en cristiano, que había dejado las drogas y el alcohol, y le conté todo sobre lo que Dios me había dicho en el sueño. Incluso mientras se lo decía, estaba más convencido en mi corazón de que podríamos hacerlo, y que Dios estaba conmigo. También pensé que sin los Phillips, podría terminar en las calles de nuevo.

De alguna manera, Mike también se convenció de hacer el viaje. Para salir de Phoenix, teníamos que cruzar las montañas. El día que partimos estaba terriblemente caliente. En el intenso calor, las pendientes pronunciadas eran demasiado para el auto deteriorado. El motor se apagó siete veces en el camino de salida de la ciudad. Ahora estábamos aún más nerviosos considerando cuánto nos faltaba por recorrer.

Logramos pasar las montañas, pero pronto se nos acabaría la gasolina.

Cuando finalmente llegamos a Nuevo México y encontramos el siguiente punto de parada, esperamos a ver quién Dios pondría en nuestro camino para ayudarnos. Una anciana mexicana pasó junto a nosotros y se percató de nuestra situación.

"Hola, hijos. ¿Qué están haciendo?", nos preguntó la anciana.

Le contamos lo que Dios nos había dicho sobre Lansing, mostrándole en nuestras palmas dónde se encontraba Lansing, pero no le pedimos dinero. Podíamos decir por la forma en que estaba vestida que ella misma no tenía mucho que ofrecer.

Tenía una de esas grandes bolsas que llevan las mujeres mexicanas con un rosario dentro, y de ella sacó unos sándwiches que había preparado y nos los dio. Luego nos bendijo y puso treinta dólares en mi mano. Me sentí mal aceptando el dinero de ella considerando que probablemente era todo lo que tenía.

"No, abuela. Quédate con tu dinero. Lo necesitarás. Dios me traerá el dinero que necesito. No tengo que tomar de ti." Me sentí humilde por su amable oferta, y aunque sentía que no podía aceptarla, con dedos arrugados, ella presionó los billetes en mi mano.

"Está bien, hijo", respondió. "Lo necesitas más que yo en este momento. Dios cuidará de mí".

A regañadientes, tomé el dinero. "Sé que Dios te bendecirá por darme esto, así que lo aceptaré de ti solo porque sé que Él también te proveerá a ti, igual que me proveerá a mí todo el camino hasta Lansing".

El camino milagroso y el después

Me vino a la mente la historia de la viuda que dio dos moneditas en la ofrenda. El Señor había dicho que su regalo era aún más precioso que ofrendas mucho más grandes. Dijo que la mayoría de las personas dan desde su excedente, pero la viuda había dado todo lo que tenía. Fue una expresión de completa dependencia de Dios y la humildad de dar porque todo le pertenece a Él.

Gracias a su regalo, pudimos llenar el tanque y continuar nuestro viaje.

En el camino hacia la salida de Nuevo México, tuvimos que pasar por un punto de control fronterizo. En estos puntos, todos los viajeros tienen que detenerse para mostrar su identificación y ser cuestionados por la patrulla fronteriza. Podría ser el final, pensamos. Pero cuando llegamos al punto de control, no había nadie allí y pudimos pasar sin problemas.

De alguna manera, logramos llegar a Oklahoma a través de Arizona y Nuevo México. Ahora sé que era un camino recto desde Oklahoma hasta Michigan. Pero al igual que los israelitas tardaron cuarenta años en llegar de Egipto a Israel, cuando pudieron haberlo hecho en cuarenta días, tomé el camino largo hacia Lansing. Hubo muchos giros equivocados mientras trataba de seguir el atlas en un lugar desconocido, sabiendo poco inglés.

Antes de cruzar a Iowa, la patrulla de carreteras nos detuvo. Este era mi peor pesadilla haciéndose realidad.

"¿A dónde van?" preguntó el oficial.

Le dije que íbamos a Lansing.

"¿Dónde está Lansing?".

Le dije: "Todos dijeron que está en Michigan, justo aquí". Señalé mi palma.

"¿Por qué van a Lansing? ¿Qué tienen? ¿Armas? ¿Drogas?" Supuso que el Toyota era un auto de drogas, y no podíamos culparlo por la condición en que se encontraba.

"No, oficial", respondí. "Soy cristiano. No tengo drogas ni nada parecido en el auto". Registró todo el auto, buscando en la cajuela donde no encontró drogas, pero vio que teníamos toda nuestra ropa allí, así como tres o cuatro biblias, libros y folletos del evangelio.

"¿Me estás diciendo que vas a Lansing en este carro?" Preguntó incrédulo. "¿Tienes una tarjeta verde?"

Le pregunté si era policía o inmigración.

Él dijo: "Soy policía, pero estás manejando sin identificación."

"Pero tengo una licencia", supliqué.

Es solo una copia", respondió, y por supuesto, tenía razón. Había perdido todo de mi billetera en el hotel y no había reemplazado mi licencia.

Me dijo que esperara a que llegara un agente de la patrulla fronteriza porque de todos modos no había manera de que pudiera ir a Lansing, porque, en sus palabras, "No puedes ir tan lejos en ese carro. Es estúpido".

"No, señor", dije. "Dios me dijo que fuera a Lansing y Él cuidará de mí. Así que lo que usted me diga, no es verdad, porque si Dios dijo que fuera, llegaré allí. Eventualmente".

Mientras tanto, Mike estaba temblando.

"Espere aquí", instruyó el oficial. "Tengo que irme".

"¿Qué hago si nunca vienen?" pregunté. No puedo quedarme aquí.

"Si no vienen en quince minutos", ofreció, "puedes irte libremente". Apagó las luces y se alejó.

Esperamos exactamente quince minutos.

"¡La patrulla fronteriza no viene!" Dijo Mike sorprendido.

"Por supuesto", dije. "¡Dios nos está cuidando! Pero ya han pasado quince minutos. ¡Vámonos! ¡No esperemos más!"

Salimos del lugar un minuto después de lo que prometimos. "Gracias, Dios. ¡GRACIAS, Dios!" Oré.

Incluso Mike estaba asombrado de cómo parecía que Dios nos ayudaba a dondequiera que íbamos.

En nuestro camino hacia Iowa, se encendió la luz de combustible, pero no había dónde repostar y estábamos sin dinero de nuevo. Seguimos conduciendo. Recorrimos otros treinta y cinco kilómetros después de que se encendiera la luz. La gasolina nunca se agotó hasta que llegamos a una ciudad. El motor se detuvo en un estacionamiento.

"¿Qué vamos a hacer ahora, Jorge?" Mike estaba desesperado. "No tenemos dinero para gasolina. No tenemos comida. Tengo tanta hambre. Quiero una Whopper. Quiero un cigarro". Siguió y siguió nombrando todo lo que no teníamos.

"Solo espera", dije. "Siento que vi este lugar en mi sueño. Dios me mostró que enviaría a alguien para que viniera a ayudarnos".

"Estás loco", refunfuñó Mike.

Después de cinco minutos, un gran camión diesel se detuvo junto a nosotros.

"¿Qué están haciendo aquí ustedes dos?", preguntó el conductor.

"Esperando por ti", respondí. "Sí, esperando por ti". No podía ocultar mi alegría al verlo, lo que hizo que me mirara como si fuera un extraterrestre.

"¿Por qué nos están esperando?" preguntó confundido.

"Mira, tenemos que llegar a Lansing, Michigan. No tenemos dinero, gasolina, comida y un carro malo…"

"No hay manera," interrumpió él, con un montón de groserías que significaban algo así como: "Estás loco si piensas que vas a llegar a Lansing en esta chatarra. No sé qué decirte. Pero tengo que seguir adelante".

MILAGROS PARA MILLAS

"Está bien," traté de explicar, "Dios me dijo que tenía que ir a Lansing. Me mostró en un sueño que nos quedaríamos sin gasolina en un lugar como este, y que enviaría a alguien que nos ayudaría con dinero para comida y gasolina".

"Ustedes están locos," dijo finalmente, y justo antes de irse del estacionamiento, abrió su cartera y sacó tres billetes de veinte dólares que me entregó.

¡Sesenta dólares! Entonces, creí aún más fuerte que el sueño era una promesa. Ahora tenía la confirmación de que Dios me había dado ese sueño, y que había provisto exactamente como me lo mostró. Llenamos el tanque y nos compramos unas hamburguesas Whopper.

Nuestra parada más larga fue en Nebraska. Nos quedamos sin gasolina justo cuando llegamos a un pueblo. Mike comenzó con su respuesta habitual de "¿Qué vamos a hacer?", pero rápidamente respondió a su propia pregunta.

"¡Ya sé!", se me adelantó. "¡Vamos a esperar a que alguien más pase por aquí!"

No mucho después, un hombre en una bonita camioneta Silverado se detuvo para preguntarnos si estábamos bien. Era un mexicano llamado Manuel y habló con nosotros en español, preguntándonos por nuestros planes. Le hablé de mi pasado y de la llamada de Dios a Lansing. Incluso le enseñamos las palmas de nuestras manos de Michigan y señalamos "Lansing" en el centro. Habíamos encontrado un oído comprensivo, pero cuando Manuel vio el estado del coche y la matrícula de Arizona, diagnosticó inmediatamente todos los problemas de nuestro plan.

"¿Habéis conducido este coche desde Phoenix?". preguntó. "¿Por qué no vas a la comisaría y pides ayuda para volver a Phoenix o simplemente regresas a México? Sería mucho más fácil".

Por supuesto, eso era lo último que queríamos hacer.

57

El camino milagroso y el después

"Lo que estáis haciendo es una gran aventura. ¿Cómo puedes conducir esta chatarra hasta Lansing sin dinero para comida ni gasolina? No podéis sobrevivir así", nos advirtió. "¡Es ridículo!"

Me las arreglé para mantenerme fuerte, insistiendo en que Dios me había dicho que fuera a Lansing, y que Él me proveería durante todo el camino.

Tras una pausa, dijo: "Sígueme".

"No podemos seguirte. No tenemos gasolina. Ni siquiera podemos arrancar el coche".

"En la parte trasera de mi camión tengo un galón de gasolina. Usadlo para repostar y os llevaré a mi casa", dijo Manuel.

Le seguimos durante unos minutos hasta que llegamos a una gran marisquería. Adivina quién era el dueño. Era Manuel.

Nos hizo pasar a la cocina y ordenó al personal que preparara lo que deseáramos, por cuenta de la casa. Aprovechamos la situación y pedimos langosta, gambas y todo lo mejor. Si recuerdas un capítulo anterior, me encanta el marisco. Me vino a la mente una escritura que había aprendido en la iglesia. Salmo 37:4: "Deléitate en Jehová, y él te concederá los deseos y peticiones de tu corazón".

En aquel momento sentí que Dios, en su soberanía, no sólo había cubierto todas mis necesidades hasta aquel momento, sino que también me estaba dando lo mejor. Incluso Mike se asombró de dónde nos encontrábamos, comiendo como reyes como invitados en aquel restaurante asombroso. Recé para que Mike viera la mano de Dios en ello, y su corazón endurecido se resquebrajara como los caparazones de aquellas langostas humeantes y mantecosas.

Cuando nuestros corazones y estómagos estuvieron llenos, nos pusimos en marcha hacia nuestros dormitorios habituales, que eran los relajados asientos del Toyota.

"¿Dónde dormís?" se preguntó Manuel.

"En el coche", le explicamos. "No pasa nada. Estamos acostumbrados".

"No, no, no. Tengo un sitio donde podéis quedaros. Seguidme".

Nos llevó a una casa de alquiler que tenía para alojar a los empleados, que en su mayoría eran trabajadores inmigrantes estacionales.

"Todo el mundo se ha ido". Nos explicó. "Así que la casa es toda vuestra. Podéis dormir en las camas, ducharos, utilizar la cocina, sentiros como en casa".

Estábamos muy agradecidos.

"Pero", dijo, "si queréis ganar algo de dinero para el viaje, ¿por qué no os quedáis aquí tres días y trabajáis para mí?".

"Por supuesto, trabajaremos para usted", aceptamos de inmediato.

Durante tres días trabajamos en el restaurante, sirviendo mesas, fregando platos y manteniendo limpia la cocina. Al cabo de tres días, Manuel nos entregó nuestro sueldo junto con su tarjeta de visita.

"Jorge", dijo. "Si se te rompe el coche, en algún lugar de la carretera, deja el coche y llámame. Vendré a recogerte. Tú y tu amigo".

Le dimos las gracias por su ayuda, pero yo le dije: "No te preocupes, Manuel. No necesitaré llamarte, pero te llamaré cuando llegue a Lansing".

Por fin, después de una semana de viaje, ¡llegamos a Lansing! Aunque me di cuenta de que no sabía exactamente en qué parte de Lansing encontrar la casa de Brian Phillips. Lo único que tenía era la dirección: 319 Taylor Street. El primer lugar donde nos detuvimos fue una tienda conveniencia llamada Quality Dairy in Grandledge.

Como he dicho antes, no teníamos GPS ni teléfonos móviles, ni siquiera un mapa de la ciudad, así que paramos a un tipo y le pedimos indicaciones. Pensamos que seguíamos las indicaciones que nos dio el tipo, pero nos había enviado más al sur, a la ciudad de Charlotte. Estábamos conduciendo por la ciudad equivocada en busca del 319 de Taylor Street. Cuando por fin empezamos a pensar que ése no era el lugar, encontramos a otro tipo y le preguntamos por segunda vez.

Vio la dirección y nos dijo: "No, esta dirección es Grandledge. Tenéis que volver".

A estas alturas, la luz de combustible parpadeaba, y nos habíamos desviado 32 km. Para empeorar las cosas, cuando volvimos a entrar en la autopista, tomamos la dirección equivocada. Acabamos en el lado opuesto de Grandledge, en Lansing.

"Nos vamos a quedar sin gasolina en cualquier momento", le dije a Mike.

Nada más decirlo, nos topamos con una iglesia. Era la Iglesia del Calvario de Okemos, una iglesia hispana. Podría ser un lugar donde obtener ayuda e indicaciones, ¡en español! En cuanto entré en el aparcamiento de la iglesia, se paró el motor. Acabamos quedándonos sin gasolina en un aparcamiento.

Cuando entramos, el servicio había empezado. Había gente. Enseguida el pastor nos dio la bienvenida y nos preguntó qué nos traía por allí. Les conté una versión resumida de mi historia, cómo Dios me había dicho que fuera allí, y que necesitábamos llegar a Grandledge, pero nos habíamos quedado sin gasolina y sin dinero.

"No hay problema", nos consoló el pastor. "Recogeremos una ofrenda y os la daremos".

Después del servicio, el pastor nos ayudó con la dirección mientras yo le enseñaba el papel con la dirección que tenía en la mano.

Nos dio las indicaciones, esta vez en español, y por el camino, utilizamos el dinero de la ofrenda para llenar el depósito y con el dinero que sobró, nos compramos unos Whoppers.

Por fin, llegamos al 319 de la calle Taylor. Al llegar, aparqué accidentalmente en la entrada equivocada, pero me dirigí directamente a la puerta de Brian Phillips y llamé.

Brian abrió la puerta.

"¡No me lo puedo creer! ¡No me lo puedo creer!" gritó.

Salió toda la familia.

"¡¡¡Jorge!!! ¿Cómo demonios has llegado hasta aquí?"

Estaban asombrados. Pero pude ver que ellos mismos acababan de llegar a la casa. La casa aún no estaba preparada y había montones de cajas de mudanza en cada habitación.

Me di cuenta de que Lynn estaba estresada.

"Se suponía que teníais que esperar a que os llamáramos cuando estuviéramos instalados. Acabamos de llegar. ¿Cómo habéis llegado tan pronto?

"Os seguí al día siguiente", me reí.

"¡Jorge! exclamaron-. Has vivido una gran aventura viniendo hasta aquí".

"Nooo, no lo hice por la aventura", expliqué. "Dios me dijo que viniera aquí, así que sé que tiene un propósito para mí".

"Pero Jorge", me preguntaron. "¿Cómo hiciste todo el camino en ese coche? ¿Sin dinero?"

Les conté cómo Dios nos protegió y nos proveyó durante todo el camino.

"Pero Jorge", volvieron a decir, "¡estás aparcado en la comisaría!".

Sabía que tenía que mover el coche enseguida, pero era demasiado tarde. Un agente vio la matrícula de Arizona y me preguntó qué estaba haciendo. Esperaba no haber hecho todo este camino para que me pararan después de llegar.

"Sabe que esto no es un aparcamiento público, señor".

"Sí, agente. Estaba confundido". Le expliqué: "He venido desde Phoenix para visitar a mis padres". Esto pareció satisfacerle, y no me hizo más preguntas. Al fin y al cabo, los Phillips eran mis padres espirituales.

"No me lo puedo creer, Jorge -habló Brian ahora con más calma-. No puedo creer que hayas llegado hasta aquí, todo ese camino, sin dinero".

"Pues créetelo, Brian. Dios me trajo hasta aquí y tiene un propósito para mí.

"Pero, ¿qué vamos a hacer?". Brian se sentía mal por mí. "No tenemos una habitación para vosotros, así que podéis quedaros por ahora, pero tendremos que buscaros otro sitio".

***

Como no había habitaciones libres en la casa, Mike y yo dormimos en el suelo del salón de Phillip en sacos de dormir, lo que nos pareció mucho mejor que dormir en los asientos del coche. Al menos podía estirar las piernas. Me quedé allí tumbada y me pregunté hasta dónde me había llevado Dios y cuál sería el plan de Dios para mí.

A la mañana siguiente, llamamos a la Iglesia del Calvario. El pastor me había dado su número de teléfono, así que decidimos llamar para ver si sabían de algún lugar donde pudiéramos alojarnos.

Del mismo modo que Dios hizo posible que llegara a Lansing, me proporcionó un lugar una vez aquí. La iglesia tenía una casa parroquial extra que estaba disponible.

Podíamos mudarnos al día siguiente y quedarnos gratis hasta que encontrara un trabajo fijo, siempre que aceptara ayudar en la propiedad y en la iglesia como manitas.

Fue durante este primer día completo en Lansing cuando Mike desapareció. Creo que decidió que era su oportunidad de empezar una nueva vida en otro lugar. Yo sabía que no quería tener nada que ver con Dios y la iglesia, y notaba que se erizaba cada vez que sacaba el tema. Fuera cual fuera el motivo, aquel día se marchó y nunca volví a verle. A día de hoy, no sé qué fue de él.

En cuanto a mí, me quedé con Brian otra noche y luego me trasladé a la casa parroquial de la Iglesia del Calvario, en la calle Washington.

Capítulo 8

Las vueltas correctas

ASÍ EMPEZÓ MI ESTANCIA EN LA CASA DE LA CALLE Washington. La casa parroquial era un poco tosca, estaba en mal estado y llena de ratones, pero entraba en mi presupuesto y lo agradecí. La primera noche que me alojé allí, probé la televisión y me senté en el sofá. Los ratones me observaban. Estaba claro que estaban acostumbrados a tener la casa para ellos solos. Al principio me daban miedo, pero en aquellas noches de soledad en el apartamento, los ratones se convirtieron en mis amigos. Nunca me atreví a matarlos porque vi que eran muy parecidos a mí, que sólo buscaban un lugar donde vivir y un poco de comida.

Yo me quedaba allí por la gracia de Dios, así que ¿qué derecho tenía a quitarles su casa? Ellos también eran criaturas de Dios. Por aquel entonces, Brian fue a trabajar a la empresa de construcción de su hermano. Brian habló bien de mí con su hermano para conseguirme un trabajo, pero tuve que empezar desde abajo. Tenía que limpiar la basura y los restos de las obras por una paga mínima. No era lo que esperaba, pero me bastaba para sobrevivir. Por las tardes, cuando volvía a la casa de la calle Washington, cortaba el césped, podaba los arbustos y trabajaba en una larga lista de reparaciones que el pastor necesitaba hacer en la casa parroquial y en las propiedades de la iglesia.

Al final del día estaba tan cansada que sólo tenía energía para sentarme en el sofá y leer la Biblia o ver la tele, tirando migas a mis amigos roedores. Mi tiempo con la Iglesia del Calvario y el pastor Moreno fue un tiempo de crecimiento. Aproveché todas las oportunidades que tuve para crecer en la Palabra.

***

Tras poco tiempo trabajando para el hermano de Brian, éste decidió trasladar la empresa a otro estado por motivos económicos. Eso nos dejó a Brian y a mí buscando otro trabajo.

Brian no tardó mucho en encontrar otro trabajo con su cuñado de South Church, Jim Richie. Jim Richie también era constructor y le iba muy bien. Estaba construyendo tres casas y las vendía antes de terminarlas. Le pidió a Brian que fuera a trabajar para él, y así lo hizo, pero no se olvidó de mí. Brian le contó a Jim cómo yo había salido de la calle y cómo Jesucristo había dado un giro completo a mi vida.

Jim accedió a darme una oportunidad. No sólo pude trabajar con Brian todos los días, sino que pude volver a trabajar junto a los albañiles para seguir aprendiendo carpintería. Hacíamos interiores, colocábamos tejados a mano con martillos y clavos. Brian estaba en el tejado martilleando, mientras yo subía los pesados fardos de tejas por la escalera para mantenerle abastecido. Brian decía: "Necesito más clavos". En cuanto volvía con clavos, Jim decía: "Trae los dos por cuatro". Me moví rápido todo el día.

Era una situación estupenda para mí. El único inconveniente era que todo ese trabajo manual me agotaba. Llegaba a casa agotado y seguía quitando nieve, arreglando el jardín y reparando la casa parroquial. Además, estaba empezando a pagar el alquiler, ya que ganaba dinero. Estaba agotado después de hacer un duro trabajo físico todo el día, y lo mismo todas las noches. Pensé que no podría mantener este ritmo para siempre.

Además, aunque la Iglesia del Calvario me estaba dando una buena base, ansiaba más. Quería formarme en la palabra. Quería aprender más sobre la adoración y tener estudios bíblicos con otros chicos.

El pastor Moreno me dijo: "Hijo, somos una iglesia pequeña e independiente. Aquí no tenemos ese tipo de clases, pero conozco otra iglesia que sí las tiene".

Me remitió a una iglesia hispana más grande que había cerca. Allí habría más oportunidades de asistir a talleres y clases bíblicas sobre liderazgo, teología, adoración y otros temas. Con la ayuda del pastor Moreno, decidí trasladar mi membresía allí, pero me di cuenta de que no vería tanto a mis amigos de la Iglesia del Calvario, y allí había hecho amigos muy queridos.

En el siguiente servicio, mientras la gente estaba de pie socializando después del servicio, me acerqué a unos amigos

LAS VUELTAS CORRECTAS

míos, Fermín y Genoveva, para hacerles saber que no podría verlos tanto ya que estaría conectada con otra iglesia. Sabía que esta pareja piadosa me quería, y me entristecía no poder pasar tanto tiempo con ellos.

"Oye, Jorge, ¿sabes qué?" me ofreció Fermín. "Puedes venirte a vivir con nosotros. Tenemos mucho sitio para ti".

La casa de Fermín y Genoveva estaba en un pueblo rural llamado Águila, más alejado de Lansing, donde abundan los bosques y los campos de labranza. Decidí dejar la casa parroquial y mudarme con mis queridos amigos.

***

Un día de mártes, me metí en la 1-96, la autopista principal, como hacía siempre para ir al trabajo. Por alguna razón pasé de mi parada en Grandledge, hasta Lansing, para ir a Okemos y a la Iglesia del Calvario. No se estaba celebrando ningún servicio religioso, pero me sentí obligada a ir allí de todos modos. Pensaba entrar y saludar a los pastores. Entré en el aparcamiento. Había dos o tres coches, que yo sabía que eran los pastores, el pastor Moreno, el pastor Jenkins y otro hermano que se reunía con ellos.

Decidí dejar el coche en el aparcamiento y entrar para saludar a los pastores. Al entrar en la iglesia, sentí que me soplaba un viento. Sólo una ráfaga de aire. Sentí como si alguien soplara sobre mí.

Me dirigí a las oficinas donde estaban reunidos los pastores. Me miraron un poco sorprendidos.

"¿Qué haces hoy aquí, Jorge? No hay servicio". se preguntó el pastor Moreno.

67

"No sé por qué, perYo me apetecía venir aquí, así que decidí entrar". Ellos se limitaron a devolverle la sonrisa. "No sé por qué", repetí, incapaz de explicarme.

"Jorge, creo que estás aquí porque Dios tiene algo para ti", dijo el pastor Jenkins. "Quiere que seas libre".

"Pero yo ya soy libre. Soy creyente", le expliqué.

"No, todavía no lo eres". dijo. "Puedes sentarte aquí".

Mientras me sentaba a su lado y los pastores rezaban, no sé qué ocurrió. Empecé a sentir frío, luego calor. Luego empecé a ver oscuridad, y en la oscuridad, criaturas malas. Eran como animales terroríficos y feos que me atacaban. Yo estaba llorando.

"No, así no. Soy creyente", protesté.

Entonces vi escenas de mi pasado, cuando había asistido a otras iglesias de Arizona en las que diferentes pastores habían intentado rezar y liberarme de la opresión demoníaca de todo mi tiempo de drogas y alcohol, y no fueron capaces de hacerlo.

Los demonios seguían atacándome, y en mi mente, huía y huía de ellos. Sufría mucho y me aterrorizaba enormemente la visión de estas horribles criaturas.

En la oscuridad de estos pensamientos, vi una luz y corrí hacia ella. Me estaba rindiendo de nuevo a Dios.

"¡Soy cristiano! Tú eres mi Dios!" De repente, la luz hacia la que corría explotó y llenó mi visión. Los demonios y la oscuridad habían desaparecido.

Cuando abrí los ojos, me di cuenta de que el despacho estaba destrozado. Las mesas y las sillas estaban volteadas, había papeles y libros esparcidos por todas partes, un espejo estaba roto y el pastor Moreno tenía una marca morada en la cara. Estaba agotado. Me tumbé en el despacho recuperándome, sorbiendo agua, mientras los pastores y el personal empezaban a limpiar el despacho a mi alrededor. No recordaba lo que había pasado en la habitación, pero me dijeron que fui yo quien golpeó al pastor Moreno en la cara. Me dijeron que preguntaron a los demonios cuántos eran, y que los demonios respondieron: "Seis legiones".

Cuando me fui, sentía una paz inmensa. Volví a casa muy relajada, como si no hubiera sido yo. Volví a casa con Fermín y le conté todo lo sucedido.

Subí a mi habitación del ático y me tumbé en el colchón. Estuve durmiendo la siesta unos treinta minutos cuando bajé dando tumbos por las escaleras.

"¿Qué ha pasado, Jorge?" gritó Fermín alarmado.

"Estaba descansando, completamente relajado. Sentí que alguien me agarraba por delante y me tiraba por las escaleras". exclamé.

"El demonio no debe de estar contento contigo, Jorge -decidió Fermín-.

Aunque como creyentes no podemos ser poseídos por demonios, nuestros pecados dan permiso a los demonios para que actúen en nuestras vidas, nos sigan y nos atormenten. Creo que aquel día el diablo o sus demonios intentaban matarme.

A partir de entonces, Fermín insistió en que durmiera con música cristiana sonando toda la noche. Igual que la música de David alejaba a los malos espíritus de Saúl, desde entonces duermo con música cristiana toda la noche. Hasta hoy duermo muy bien.

El camino milagroso y el después

Tal vez fuera toda aquella música cristiana que se derramaba en mi alma toda la noche mientras dormía, pero deseaba fervientemente empezar a dirigir el culto de la iglesia. Nunca había tocado un instrumento, pero la iglesia tenía un juego de congas. Creo que Dios me dotó de la capacidad de tocar las congas y luego otros instrumentos de percusión, porque no tenía formación ni experiencia previas, pero pude cogerlo rápidamente. Doy gloria a Dios por haberme dado el don de la música para servir de este modo.

Capítulo 9

Amigos para el Viaje

Disfrutaba de los servicios en la Iglesia de Dios Hispana, y al final del servicio, el pastor abría el altar para quien necesitara acercarse a rezar. Mientras estaba allí hablando con la gente después del servicio, empecé a notar que la misma señora lloraba en el altar, semana tras semana. Era una señora atractiva, aunque bastante mayor que yo, y parecía muy triste. Me compadecí de ella, pero nunca llegué a conocerla porque seguía rezando con la cabeza gacha cuando yo salía del servicio.

Finalmente, llegué a casa y les conté a Fermín y a Genoveva lo de aquella mujer que lloraba.

"¿Qué aspecto tenía, Jorge?"

"Es una mujer guapa", les expliqué. "Pelo largo, una señora mayor".

"¡Es nuestro amigo Francisca!" exclamó Genoveva. "La conocemos. Es una señora muy agradable. Probablemente está llorando porque ha sufrido mucho, pero ama al Señor. Deberías intentar hablar con ella".

Poco sabía yo que, al cabo de aquel rato, Fermín y Genoveva habían llamado a su amigo Francisca. Le contaron todo sobre mí, cómo había venido de México, cómo era adicto a las drogas y divorciado, pero que ahora mi vida había cambiado.

"Jorge es un tipo espiritual. Ahora es un hombre trabajador con un buen trabajo. Dios ha obrado en su vida. Se ha salvado de verdad".

Tampoco sabía que en aquel momento, cuando Francisca oyó esto, pensó. "¡Quiero conocer a este tipo!"

Después, cuando volví a verla llorar ante el altar, recé. "Dios, lo que quieras darme, no me des nada, dáselo a ella. No necesito nada". Supliqué: "Toma lo que quieras darme y dáselo a ella".

Expliqué a Genoveva y a Fermín que aún no había podido hablar con Francisca. A veces se concentraba en el altar y no se daba cuenta de que yo estaba allí. O si terminaba en el altar, yo estaba en una conversación con otra persona y se había escabullido antes de que yo pudiera acercarme a ella.

Más tarde me enteré de que Francisca había intentado reunirse conmigo. Otra iglesia estaba celebrando grandes servicios de avivamiento y había invitado a participar a todas las iglesias hispanas de la zona de Lansing. Francisca había acudido a los servicios. Me observó allí, pero yo no sabía que me había prestado atención.

"¡Ese tipo está aquí!" Se dijo a sí misma. Se alegró de verme. Más tarde me dijo que yo estaba ocupado hablando con otras personas, y cuando ella intentó cruzar la sala para hablar conmigo, yo me fui al lado opuesto. Pensó que la estaba ignorando, así que se sintió decepcionada. "Tengo que olvidarme de ese tipo", decidió. "Voy a quitarme a Jorge de la cabeza".

Fermín y Genoveva me preguntaban cuándo iba a reunirme con Francisca. Les expliqué que aún no había tenido ocasión de hablar con ella y que creía que todavía no me había visto.

Fermín me instó: "¿Sabes una cosa, Jorge? Francisca es una señora muy agradable. Deberías tomarte tiempo para conocerla. Quizá podáis llegar a ser buenos amigos".

Durante cinco años, desde que mi anterior esposa y yo nos divorciamos legalmente, había rezado a Dios por la abstinencia. No quería repetir los pecados de mi pasado con las mujeres, así que hice todo lo posible por ignorarlas por completo. Cuando Fermín habló de Francisca, sentí que el corazón empezaba a latirme en el pecho. De repente, sentí mariposas en el estómago. Se me ocurrió, por primera vez en mucho tiempo, que tal vez había llegado el momento de abrir mi corazón a la posibilidad de volver a tener una esposa.

A la semana siguiente, sucedió. Esta vez Francisca se levantó temprano del altar. Vino, se presentó y me contó cómo había oído hablar de mí a sus amigos Fermín y Genoveva. Desde entonces, hablábamos todos los domingos después de la iglesia. Aunque era diecisiete años mayor que yo, descubrimos que teníamos mucho en común.

El camino milagroso y el después

Mantuvimos buenas conversaciones, empezando por los testimonios de cada uno y compartiendo mutuamente nuestros viajes espirituales. Con el tiempo, empecé a invitarla a comer, y un día, después de la iglesia, la llevé a un parque cercano, llamado Sleepy Hollow. El parque está situado en un gran lago en el campo. Una vez allí, alquilé un pequeño bote de remos para que pudiéramos salir al agua. Yo iba de traje y corbata, y ella de vestido, intentando meternos en el bote de remos sin estropearnos la ropa con la arena y el agua. Nos reímos juntos del espectáculo en que nos habíamos convertido para la gente de la playa que iba vestida con ropa de baño más apropiada.

"Me da igual lo que piensen, Jorge", dijo ella, alisándose el pelo oscuro con la brisa. "Me lo estoy pasando bien contigo".

Después de que aquel día fuera tan bien, tomamos la costumbre de quedar después de la iglesia, pero durante la semana yo vivía en Eagle con Fermín y Genoveva, mientras ella trabajaba como asistenta y vivía en Lansing. Era antes de que existieran los mensajes de texto, así que la llamaba cuando terminaba de trabajar.

Francisca era muy trabajadora, se ocupaba de las tareas domésticas durante el día y se quedaba despierta hasta altas horas de la noche para hacer las tareas domésticas y la colada mientras hablaba conmigo por teléfono. Me impresionaron su energía y su disciplina.

A lo largo de nuestras muchas conversaciones, desentrañé el misterio de por qué Francisca había estado llorando en el altar todas aquellas veces. Su marido había fallecido años antes, dejándola sola para mantener y criar a sus tres hijos. Así que, al parecer, tenía un buen motivo para llorar, pero sus lágrimas no eran todas de tristeza. Eran sobre todo lágrimas de alegría, clamando a Dios por su bondad para con ella, clamando por conocerle más y por los que aún no le conocían.

Amigos para el viaje

Me di cuenta de que todo el mundo tiene problemas. Todo el mundo tiene alguna situación o rastro con el que está lidiando. La forma en que lloraba a Dios y dependía de Él me resultaba atractiva. Nuestras conversaciones eran a menudo profundas y espirituales. Continué así, celebrando pausados almuerzos dominicales y largas llamadas telefónicas con Francisca durante unos meses. Me sentí atraída por su corazón por Dios y por los demás.

Nuestra incipiente amistad no pasó desapercibida para la gente de nuestra iglesia, y suscitó algunas críticas.

"Es demasiado mayor para él", se quejaban algunos. "Sólo intenta conseguir papeles", decían otros.

Pero yo les dije: "No, hermanos. Simplemente me gusta Francisca por lo que es".

Pronto Francisca se convertiría en algo más que un amigo para mí.

***

Más o menos al mismo tiempo, Dios me traería a otra persona que era más que un amigo para mí. Era un hermano.

Un día, mientras visitaba la casa de los Phillips, Brian tuvo una idea. "Tienes que conocer a mi amigo Rolando, de la Iglesia del Sur". Los Phillips se las arreglaron para que conociera a Rolando invitándonos a ambos a cenar a las cinco. Para entonces ya me había dado cuenta de que los estadounidenses eran puntuales para reuniones como ésta, así que me presenté unos minutos antes para asegurarme de llegar a tiempo. No sabía que Rolando llegaría una hora y media tarde. ¡Eso es lo que llamamos hora mexicana! Habíamos cenado y pasado al postre cuando por fin llegó.

Rolando iluminó la habitación cuando llegó. Creció en Texas, pero era de familia mexicana, aunque hablaba poco español. A pesar de ello, estábamos destinados a ser

75

hermanos. Era un chico soltero como yo, entusiasmado por vivir para el Señor, así que empezamos a vivir la vida juntos.

Rolando vivía en el lado opuesto de la ciudad, pero teníamos la costumbre de visitarnos a menudo. Cuando nos reuníamos, Rolando y yo adorábamos a Dios, practicábamos la escucha de Su Espíritu, compartíamos nuestras percepciones de la Palabra y orábamos todo lo que podíamos. En aquella época yo sabía poco inglés, y él sólo un poco de español. Cuando estábamos juntos, hablábamos spanglish, una mezcla de los dos, cada uno rellenando las palabras que no conocíamos con nuestra lengua materna.

Aparte de nuestra ascendencia mexicana, también teníamos en común un pasado de abuso de sustancias. Como yo, incluso después de ser creyente, Rolando tuvo una recaída una noche. Bebió hasta desmayarse en su garaje con el coche en marcha. Entraba monóxido de carbono en el coche. Cuando lo encontraron, apenas estaba vivo, y aunque se hizo todo lo posible por reanimarlo, estuvo en coma veintisiete días.

Me contó la historia de cómo estuvo tumbado en el hospital, escuchando voces a su alrededor. Podía oírlas claramente, aunque no era capaz de responder físicamente. Durante su estado comatoso, rezó a Dios para que le permitiera vivir la prueba. El Señor le habló y le dijo: "Te dejaré vivir, pero debes servirme al cien por cien". Aquel día, Rolando prometió al Señor con la mente y el corazón que le serviría sin vacilaciones y sin volver a las antiguas costumbres.

Rolando sobrevivió a la prueba con una salud razonable, pero sufrió gangrena en las extremidades, por lo que acabaron extirpándole los dedos de los pies. Mantuvo una buena actitud al respecto, y a menudo bromeaba conmigo cuando íbamos juntos a jugar al golf: "Asegúrate de no golpearme los dedos de los pies", gritabá antes de que blandiera el palo. No tenía dedos en los pies.

Siento que Rolando cumplió la promesa que hizo, sirviendo al Señor de todo corazón y compartiendo el testimonio de todo lo que le sucedió siempre que tuvo ocasión. Me pareció un gran estímulo y una bendición para mi vida cristiana.

Rolando y yo compartíamos una carga por la gente que encontrábamos en el trabajo y a nuestro alrededor, especialmente los amigos de trabajo de Rolando del departamento de carnicería de una gran tienda de comestibles y grandes almacenes.

Los dos estábamos hablando durante la cena un domingo después de la iglesia, cuando le di una noticia. "Rolando, quiero que sepas que Dios me dio una visión".

"Bien, Jorge, ¿qué viste?".

"Te vi a ti, Rolando, con un montón de chicos aquí mismo, en tu apartamento. Era un estudio bíblico".

"¿Cuándo?", dijo.

"Este martes", le dije. Era domingo.

"No te preocupes, Dios ya tiene a la gente. Llama a tus amigos".

"Esos ni siquiera quieren ir a la iglesia. ¿Crees que vendrán aquí?" Cuestionó. "Y si vienen, ¿quién les enseñará?".

"Tú y yo". le aseguré.

"Jorge, te creo... ¡Creo a Dios! Pero tú no hablas inglés, y yo hablo español, más o menos. ¿Cómo vamos a hacerlo?"

"El Espíritu Santo nos ayudará".

Llegó el martes por la noche. Diez chicos se presentaron en el apartamento de Rolando. ¡Rolando y yo hicimos doce!

Rolando y yo les enseñamos. No intentamos darles mucha charla religiosa, sólo las escrituras. Les enseñé los

Evangelios: "Mateo, Marco, Lucas y Juan". Compartí con ellos todo lo que sabía de Cristo.

Cuando rezábamos, lo hacíamos con mucha valentía. Oré en voz alta en español, e incluso oré en el Espíritu con lenguas.

Los chicos se mostraron sorprendentemente receptivos a las historias de Jesús y a las oraciones. "Siento algo", decían a veces.

Un hermano al que invitamos trabajaba de carnicero. Le llamábamos tío Bill porque era un tipo grande y alto. Me dijo: "Jorge, me gusta cuando rezas. Incluso cuando no te entiendo, siento algo diferente". Como todos los chicos a los que invitábamos, aún no era creyente, pero sentía la presencia de Dios en nuestras reuniones.

"No sientas, sólo escucha", le dije. No quería que aprendieran a seguir los sentimientos, sino a escuchar al Espíritu de Dios y obedecer.

A lo largo de las semanas, muchos de ellos encontraron iglesias y empezaron a asistir, y hacia la quinta semana, todos habían aceptado a Jesucristo como su Salvador. A medida que cada uno empezaba a seguir a Cristo, se entusiasmaba al ver que los demás lo recibían. "¡Otro más se ha salvado!", compartían, con su nueva fe fortalecida por los cambios que veían.

Aquellas semanas fueron increíbles, pues Dios encendió un fuego dentro de aquellos corazones. Los doce juntos estábamos hambrientos de la palabra de Dios.

Una noche de estudio bíblico abordamos el tema de nuestra soltería y nuestro deseo de casarnos.

"¿Sabéis qué?" Decidí: "Antes de que termine esta reunión, deberíamos rezar todos para que Dios nos traiga novias".

Puedes imaginarte a doce solteros de rodillas en el apartamento de Rolando, pidiendo a Dios que les trajera novias.

"Rezad fuerte, hermanos", nos instamos unos a otros.

Probablemente rezamos durante una hora, con lágrimas, suplicando a Dios que nos trajera esposas con las que pudiéramos compartir el camino de la vida.

Milagrosamente, al cabo de dos semanas, todos teníamos novia. Fue entonces cuando Francisca se convirtió oficialmente en mi novia, y Rolando empezó a salir con una hermana en Cristo de su iglesia llamada Sue. Pudimos compartir esta alegría juntos y aconsejarnos mutuamente. Fue una situación única y un tiempo especial de milagros y dependencia del Señor. Dios guió suavemente a este grupo de hombres en su nueva fe, respondiendo a muchas oraciones de forma tangible.

Un par de meses más tarde, sentí que el Señor había provisto a estas mujeres para nosotros, que era obra suya, y que no debíamos esperar más para ponerle a prueba. Así que, durante nuestro tiempo de oración, en el estudio de la Biblia, les dije a los chicos que creía que era voluntad de Dios que no esperásemos demasiado para casarnos. A lo largo de varias semanas, uno a uno los diez chicos pidieron a sus novias que se casaran con ellos. Durante este tiempo Rolando se casó con Sue, y yo le pedí a Francisca que se casara conmigo.

Uno a uno, los doce empezamos a asistir al estudio bíblico con nuestras esposas y ya no veníamos al estudio de los hombres solteros, ¡pues ya no eran hombres solteros!

***

Francisca no dijo que sí enseguida.

"No quieres casarte conmigo, Jorge". No sólo tenía en cuenta lo joven que yo era en comparación con ella, sino que también estaba preocupada por mí. Sabía lo mucho que había superado para conseguir una vida limpia y cómo me había librado de ella por la gracia de Dios. ¿La presión de vivir en una familia me haría volver a las andadas? ¿Podría volver a vivir como una mujer casada después de años de vivir sola, sobre todo con la diferencia de edad que había entre nosotras?

Yo me sentía más segura que ella en aquel momento. Sabía que si manteníamos a Dios en el centro de nuestra relación, podríamos hacer que funcionara. "Si amo a Dios más que a nada, sé que puedo amarte a ti. Y si tú amas a Dios, sé que puedes amarme a mí. Pero si no amas a Dios más que a nada, más que a mí, no puedes amar a nadie. Esto puede funcionar, pero necesito que me respetes".

Ella escuchaba, pero tenía dudas.

"Francisca, no me respondas. Hoy no. Piénsatelo. Consúltalo con la almohada. Dame tu respuesta mañana".

Toda la noche tuve el estómago revuelto. Estaba muy nerviosa por lo que diría. Me moría de ganas de volver a hablar con ella, así que la llamé al día siguiente.

"Recé sobre ello toda la noche, Jorge", me reveló. "¡Y Dios me dio la respuesta! En mi sueño le preguntaba a Dios: '¿Y si Jorge vuelve a las drogas y al alcohol y entonces tengo que cuidar de él el resto de mi vida?"

No sabía que ésa era su preocupación, pero debería haberlo adivinado.

"Entonces, ¿qué pasó después en el sueño? ¿Qué dijo Dios?" pregunté con impaciencia.

"Me dio una escritura", explicó Francisca. "Hechos 10:15: 'Lo que Dios ha purificado, tú no lo llames impuro'". O en español: "No llames impuro a nada que Dios haya purificado".

¡Alabado sea Dios! Le había dado a Francisca la señal que necesitaba para tomar la decisión de casarse conmigo.

***

Aunque ahora nos sentíamos seguros de estar en la voluntad del Señor, a algunos miembros de la iglesia no les importó hacernos saber que estaban preocupados por nuestro compromiso. Nuestra diferencia de edad les resultaba escandalosa, y dudaban de que duráramos.

Después de reunirnos con los pastores, pudieron ver el vínculo espiritual de amistad que nos unía, así que empezaron a animar a los demás miembros a responder a la situación con más caridad.

"¿Alguno de vosotros paga sus facturas? ¿Pagáis su alquiler o su hipoteca?" Por supuesto que no. "Entonces, son adultos capaces de tomar esta decisión, y no os corresponde a vosotros decir nada al respecto".

Cuando llegó nuestra boda, los que habían dudado de nuestras intenciones habían cambiado de opinión. La iglesia se unió y nos organizó una boda preciosa, proporcionándonos todo lo que necesitábamos, incluida la cena de recepción. Dios fue tan bueno con nosotros, y estaremos eternamente agradecidos a aquellos hermanos y hermanas por bendecirnos de aquella manera.

Incluso pudimos irnos de luna de miel a una ciudad cercana llamada Frankenmuth. Es una preciosa y pequeña ciudad alemana famosa por las cenas de pollo hechas por los Amish, los carruajes tirados por caballos y las calles adoquinadas. Nos alojamos en un bonito hotel al que volvemos a menudo hoy en día. Fue un tiempo alegre y romántico juntos, sin ninguna preocupación en el mundo.

En nuestros viajes de vuelta a este lugar, he llevado conmigo un tambor de mano para unirme a algunos músicos callejeros que tocan música cristiana allí. Es un gran recuerdo para mí.

Cuando volvimos a casa de nuestra luna de miel, empezó la vida real. No habíamos vivido juntos antes de casarnos, así que después de volver de Frankenmuth, empaqueté mis cosas y llegué con Francisca a su casa. No habíamos vivido juntos antes del matrimonio, así que no empecé a mudarme hasta después de la luna de miel.

Cuando entramos en la entrada, de la casa salía música rap a todo volumen. ¡Me esperaba un shock! Estaba a punto de darme cuenta de que había pasado de ser un tipo soltero a tener una familia al instante. Al fin y al cabo, no sólo me había casado con Francisca, sino también con sus hijos, que en aquel momento eran jóvenes adultos, el menor de los cuales era su hijo, que vivía en la casa.

La transición no fue fácil. Siendo adultos y no mucho más jóvenes que yo, los hijos de Francisca no estaban preparados para aceptarme como padre para ellos. Al principio fue duro, sobre todo en aquellos primeros meses. Anduve con cuidado para intentar imponerme como hombre y líder espiritual de la casa, sin menoscabar la forma que tenía Francisca de llevar las cosas, pues ella había hecho lo que le parecía mejor mientras luchaba por sobrevivir como madre soltera todos estos años. También se había independizado y estaba acostumbrada a arreglárselas sola sin tener en cuenta los deseos de su marido. Al mismo tiempo, a pesar de haber estado casado antes, no tenía experiencia en vivir como un verdadero marido piadoso. Y aquí estaba yo, entrando en la casa donde ella y su hijo habían vivido, los dos solos, durante varios años.

En mi primer matrimonio, al menos al principio, los dos éramos aún niños, vivíamos con pocos cuidados, en casa de nuestros padres. No éramos responsables de la casa ni de las facturas por nuestra cuenta. La segunda vez fue muy diferente.

Dependía de nosotros, y sentí la seriedad de la responsabilidad por Francisca y los niños. Al mismo tiempo, sabía que ésta era la vocación exacta que Dios había puesto en mi vida. Nos había unido a Francisca y a mí, y me daría la sabiduría y la fuerza para perseverar.

Cuando Francisca y yo formábamos un equipo para afrontar los problemas que surgían, era bastante duro, pero al menos parecía posible. Pero cuando Francisca y yo nos peleábamos, llamaba a Brian.

"Brian, no puedo hacerlo. Es demasiado duro".

"Sí que puedes", respondía él. "No has hecho más que empezar. La verdadera prueba del matrimonio son cinco años".

"¡Cinco años! Éste es sólo el primero y ya tengo problemas".

"Tienes que permanecer ahí y ser fuerte". Por supuesto, tenía razón.

Estas dificultades nos hicieron crecer a Francisca y a mí. Nos vimos obligados a comunicarnos y a solucionar las cosas juntos, y con el tiempo, a medida que sus hijos han visto mi amor y mis cuidados por Francisca, empezaron a mostrarme respeto y amor, de modo que nuestros momentos juntos han sido agradables. Ahora tenemos nietos a los que quiero, y ellos me quieren a mí.

Capítulo 10

Una semilla cae en el camino

A ESTAS ALTURAS HABÍAN OCURRIDO TANTOS CAMBIOS EN MI vida que cuesta creer que sólo hubiera pasado un año desde que conocí a Brian. Seguía teniendo la suerte de trabajar en la construcción con él y de hablar con él todos los días. De hecho, pasé más tiempo con Brian Phillips en un año que con mi propio padre mientras crecía. Le consideraba mi verdadero padre, espiritual. Y a Lynn Phillips, mi madre espiritual.

No era una relación que diera por sentada. Estaba agradecida por la influencia que Brian tuvo en mi vida. Le debía mi vida, y mucho más que eso, mi vida eterna, por arriesgarse con un adicto sin esperanza. Me llevó a su casa, me trató como a uno de sus hijos y me mostró a Cristo día a día. No la religión. De hecho, no se presentaba como una persona super religiosa, sino que tenía el tipo de relación real y personal con Jesucristo que afecta a cada parte de tu vida.

Nunca olvidaré que un viernes por la tarde estaba trabajando en una casa como trabajo secundario a las órdenes de Brian. Al final del día, él estaba trabajando arriba y yo abajo.

"Jorge, sube aquí conmigo". Me llamó a través de las tablas del suelo.

Arriba lo encontré sin trabajar, sentado en un trozo de madera de desecho que cubría un cubo de cinco galones, mirando por la ventana como si tuviera los ojos fijos en algo de fuera.

"Jorge, ¿cuántas horas te debo?".

Las sumé mentalmente y le dije el número. Quería pagarme todo lo que me debía en ese mismo momento.

"Jorge, tengo que decirte algo importante".

"Claro, Brian, ¿qué es?". No podía imaginar lo que iba a decir, pero parecía cansado.

"Es hora de que aprendas a hacerlo todo tú solo. Tendrás que hacer estas cosas tú solo".

"De acuerdo", dije, sin comprender todavía muy bien adónde quería llegar. Continuó.

"Ya sabes lo que dicen las Escrituras: 'Si la semilla no cae en tierra y muere, no dará fruto'".

"No pasa nada, Brian". No sabía por qué hablaba así. "Puedes pagarme mañana".

"No hay mañana, Jorge. Sólo existe el día de hoy".

Evidentemente, en ese momento estaba hablando de algo más que de mi sueldo, pero cogió su talonario y rápidamente hizo un cheque a mi nombre.

Me habló con tanta seriedad que aún hoy puedo oír sus palabras y sentir su impresión en mí. Me recordó el ultimátum que me había dado la primera vez que me invitó a irme a vivir con su familia. "Sólo existe el día de hoy, Jorge".

Más tarde me di cuenta de que se estaba despidiendo.

Hacia las dos de la madrugada de aquella noche. Esa noche recibí una llamada de Amy, la hija de Brian.

"Jorge, mi padre ha fallecido". Los dos estábamos conmocionados.

Brian había sido trasladado al hospital tras sufrir un infarto. Mientras le examinaban allí, determinaron que había tenido muchos pequeños infartos la semana anterior. Le dolía el hombro y el pecho. Cada vez que alguien le sugería que fuera al médico, él decía: "Me pondré bien". Descansaba un poco y se sentía mejor, pero luego seguía aumentando.

Finalmente, su corazón se rindió.

El fallecimiento de Brian me destrozó. No podía creer que después de todo lo que había pasado, siguiendo a Brian hasta Lansing, y teniendo en cuenta lo mucho que aún sentía que le necesitaba, Dios me lo arrebatara. Le pregunté a Dios por qué. Lloré muchas lágrimas por Brian. También estuve despierta toda la noche siguiente. Francisca venía a mí y me decía: "No pasa nada, sabemos dónde está. Ahora está en el cielo". No me consolaba fácilmente.

Lynn y los chavos se reunieron para planear los detalles del funeral de Brian. Aún en shock y con un dolor tremendo, hicieron todos los arreglos para un servicio conmemorativo en Grandledge y juntaron objetos y fotografías en memoria. Lynn se me acercó en ese momento.

"Los chavos y yo hemos platicado, al igual que toda la familia, y todos estamos de acuerdo en que queremos que compartas recuerdos de Brian. Tu testimonio es poderoso y queremos que lo cuentes a todas esas personas", me instó Lynn.

Nunca había hecho algo así, pero acepté. Siendo solo un "hijo adoptado", era un gran privilegio para mí ser el encargado de compartir los recuerdos.

"Tú eres quien queremos que lo haga, Jorge", explicó. Ninguno de los familiares planeaba dar un discurso. Sería solo yo. "Tienes que contarles a las personas lo gran corazón que tenía Brian. Cuéntales cómo te llevó a Cristo y el cambio que has tenido en tu vida".

Incluso frente a esta terrible pérdida de su amado esposo, Lynn no cuestionó su fe. No quería desaprovechar esta oportunidad de compartir a Cristo con todos aquellos que asistirían al funeral de Brian.

Cientos de personas vinieron a la velación y al funeral. Estaba muy nervioso al dirigirme a una multitud tan grande. Tenía algo de confianza en que Fermin, quien habla inglés y español perfectamente, estaba a mi lado transmitiendo mi mensaje en inglés para que pudiera hablar libremente en mi lengua materna. Conté cómo Brian me recogió de las calles, cómo me compartió el evangelio y cómo Dios cambió mi vida. Fue la primera vez que compartí públicamente mi testimonio.

Podrías decir que fue mi primer sermón. Compartí recuerdos de mi tiempo con Brian trabajando juntos a diario, cenas en la casa de los Phillip, comprando cubetas de Kentucky Fried Chicken y viendo películas de Jackie Chan. Lo más importante de todo fue el hecho de que Brian me vio en mi peor estado. No tenía nada que ofrecerle, pero él decidió amarme y cuidarme. Hablé con valentía, instando a las personas a no esperar para entregar completamente sus vidas al Señor, como Brian lo hizo y como yo también lo hice. Solo existe hoy.

La muerte de Brian me destrozó. En el cementerio, mientras veía cómo bajaban su ataúd a la tierra, sentí que una parte de mi corazón moría con él. Aquí estaba yo, aún un creyente nuevo, aún necesitando a mi padre espiritual. ¿A quién llamaría cuando necesitara hablar? No lo sabía. Seguía cuestionando por qué Dios se lo llevó de mi vida tan pronto. Sin embargo, por otro lado, ¿por qué se fue a Arizona en primer lugar solo para regresar aquí poco tiempo después? ¿Es posible que Dios lo haya enviado allí solo para salvarme? Me preguntaba todas estas cosas.

No me arrepiento de mi decisión de pararme frente a esas personas y compartir mi testimonio. No solo era lo correcto para honrar a Brian de esa manera, sino que aún me encuentro con personas en iglesias y ocasionalmente en la ciudad que me recuerdan a mí y a las palabras que compartí en el funeral de Brian.

CAPÍTULO 11

Tractores desde el cielo

DESPUÉS DE QUE BRIAN SE FUE, JIM RICHIE ME MANTUVO trabajando bajo su supervisión hasta que, poco después, decidió jubilarse. Pensé en las palabras de Brian sobre hacer las cosas por mi cuenta. Decidí empezar mi propio negocio, haciendo trabajos de jardinería y las tareas de mantenimiento que había aprendido con Brian.

El pastor Moreno siempre me enseñó a orar cuando necesitaba algo y a confiar en que Dios me lo daría, incluso cuando no tenía dinero. Como dice Filipenses 4:19 "mi Dios proveerá todos vuestros necesidades, conforme a orando a sus riquezas en gloria en Cristo Jesus", y ciertamente Dios había sido absolutamente fiel a mí. En poco tiempo después de esas oraciones, pude conseguir una cortadora de césped, algunas recortadoras y sopladoras de hojas para comenzar a trabajar por mi cuenta.

Cuando comencé, todo mi equipo era eléctrico, así que tenía que usar alargadores para cruzar estos grandes jardines. Iba de puerta en puerta tratando de encontrar clientes, pero como sabía poco inglés, me comunicaba con unas pocas palabras y mucho lenguaje de señas que improvisaba sobre la marcha.

Conseguí algunos clientes de esa manera, pero algunas de las mujeres que abrían la puerta se asustaban de mí y llamaban a la policía. Un oficial me detuvo en la calle. Me preguntó si tenía licencia. Le dije que no. Le pregunté dónde podía obtener una, y él me indicó la oficina a la que debía ir.

¿Cómo puedo obtener una licencia?, pensé. Lo primero que me pedirán es ver mi identificación y prueba de ciudadanía.

Fui al juzgado donde el oficial me dijo que fuera. Me dieron un formulario sencillo que pedía mi nombre, dirección y en qué consistía mi negocio. Ni siquiera podía leer correctamente el formulario.

Afortunadamente, sé que esto suena difícil de creer, había un payaso allí. Estaba allí, completamente disfrazado y con la cara pintada, también llenando una solicitud. Incluso un payaso necesita una licencia para trabajar en esta ciudad, pensé. El payaso era una persona muy amable, y cuando vio que estaba teniendo problemas, se alegró de ayudarme a completar los papeles.

Por solo veinte dólares, me convertí en un trabajador manual con licencia en el estado de Michigan. La única estipulación era que debía entender que la licencia solo era válida en Michigan y solo para servicios de trabajador manual. Aquí estaba yo, sin pruebas que demostraran mi experiencia y sin identificación, capaz de obtener un certificado con aspecto profesional con el sello estatal, ¡a cambio de veinte dólares y un formulario que literalmente incluso un payaso podía completar!

Con mi certificado en mano, comencé a buscar clientes con nueva confianza. Intenté llamar a las puertas de hogares bien cuidados que parecían tener trabajos de jardinería profesionales, y empecé a conseguir algunos clientes. Estaba trabajando para uno de ellos cuando un caballero mayor desde el otro lado de la calle me vio trabajando allí.

Me preguntó si estaría interesado en cortar su césped. "Claro, lo haré", le dije. Observaba mi equipo con los cables por todas partes.

"¿Con qué vas a cortar?", preguntó. Señalé mi cortadora. "Esa no es realmente una cortadora de grado comercial".

Le aseguré que podía hacer el trabajo perfectamente bien con la que tenía, pero él me llevó a su cobertizo donde tenía una cortadora John Deere nueva que lucía.

"Puedes usar esto para tu negocio", dijo. No podía creer que estuviera diciendo eso.

"Nooo, no puedo tomar tu cortadora", insistí. "La necesitas aquí".

"Tú la necesitas más", dijo, "así que te la daré, si estás dispuesto a cortar mi césped a partir de ahora de forma gratuita". ¡Qué trato! No podía creerlo.

"¿Quieres que firme algo?", ofrecí.

"No es necesario. ¿Eres creyente?", preguntó el hombre.

Le aseguré que lo era. "Yo también lo soy", dijo. No podía creer que esto estuviera sucediendo. Dios me estaba dando un tractor cortacésped nuevo tal como había orado que lo haría.

Mi benefactor se llamaba Melvin. Luego dirigió su atención hacia mi camioneta. En ese momento estaba conduciendo una camioneta Chevy S-10.

"¿Cómo vas a llevar la cortadora?", se preguntó.

"Encontraré una manera", dije con esperanza. "Tal vez pueda tomar algunas piezas de madera y hacer una rampa para subir la cortadora a la camioneta".

Mirándolo pensativamente, él respondió: "No". Luego, tras una pausa, agregó: "Vamos a Home Depot".

Subimos a mi camioneta y nos dirigimos a la tienda. Allí, él eligió para mí un remolque resistente que podría usar para transportar la cortadora a todos mis trabajos. ¡Este remolque en sí mismo costaba casi dos mil dólares! Sin mencionar la cortadora de césped en sí. No podía creer cómo Dios estaba proveyendo para mí a través de este hermano cristiano, aparentemente de la nada. Enganchamos el remolque a mi camioneta y estábamos a punto de salir del estacionamiento cuando Melvin tuvo otro pensamiento.

"¿Cómo están tus otras herramientas?", preguntó.

"¡Están funcionando bien!", le dije.

"No, las vi. Tienes que usar alargadores por todas partes. ¿Cómo vas a recoger mis hojas?"

Voy a rastrillarlas, señor, sin problema", prometí.

Melvin estaba seguro ahora. "Vamos a regresar".

Lo siguiente que supe fue que estábamos volviendo a entrar a Home Depot y seleccionando todo un equipo nuevo de herramientas a gasolina, y un accesorio de aspiradora de hojas que se ajustaba al tractor que me estaba dando. Ahora podía usar el tractor para limpiar los jardines.

¡Ni siquiera había pensado en algo tan asombroso!

Después de pasar por caja con alrededor de tres mil dólares en equipo, todavía estaba completamente en shock. Cargamos los nuevos artículos en la parte trasera de la camioneta. Luego, Melvin me pidió que lo llevara a la tienda de comestibles Meijer.

Melvin era un hombre mayor. En ese punto, me enteré de que vivía solo y que su esposa estaba en un hogar de cuidado. Pensé que tal vez solo quería compañía o no quería conducir él mismo. Acepté, por supuesto. Era lo menos que podía hacer por mi inesperado benefactor. Él se subió al camión conmigo y entramos a la enorme tienda de comestibles.

Melvin tomó uno de los carritos dobles estándar que esta tienda tiene para fomentar las compras grandes, y comenzó a recorrer cada pasillo, haciéndome preguntas sobre lo que me gustaba comer. Al principio pensé que solo estábamos conversando, pero todo lo que mencionaba, él lo lanzaba al carrito.

"¿Qué sueles comer para el desayuno, Jorge?"

"Oh, tocino, huevos..."

El tocino y los huevos fueron a parar al carrito junto con leche, jugo de naranja, pollo, carne molida, productos congelados. ¡Estaba comprando para mí! Era verdaderamente increíble que una persona hiciera todo esto, el tractor, el remolque, las herramientas, y ahora, una reserva de alimentos para llevar a casa a Francisca. Dios estaba usando a un completo desconocido para acumular bendiciones sobre bendiciones para mí y mi esposa ese día.

Cuando llegué a casa esa noche y entré a la cocina, empecé a dejar bolsas llenas de comida y artículos de primera necesidad en el suelo de la cocina. Sus ojos se abrieron mucho. "¿De dónde sacaste todo esto?", se preguntaba. Cuando salió y vio que estaba tirando una cortadora nueva detrás de la camioneta en un remolque brillante, preguntó: "¿Estás teniendo tanto trabajo, Jorge?"

"No", dije. "Dios tocó el corazón de alguien para proveer todas mis necesidades". Relaté los eventos del día y tuvimos una noche jubilosa de alabanza y agradecimiento a Dios. Siempre había confiado en que Dios proveería todo lo que necesitamos como dicen las Escrituras que hará. Pero Francisca y yo nos sentamos asombrados de que Dios moviera a un completo desconocido a una generosidad tan asombrosa que en un solo día, ¡un solo día!, tenía todo lo que necesitaba para comenzar mi nueva forma de vida. Llegó en un momento en el que no veía venir ayuda, en un momento en el que me sentía tan solo sin Brian, Dios me mostró que puede usar cualquier cosa y cualquier persona para proveer para mí. Ese día usó a Melvin para acumular bendiciones sobre bendiciones, aparentemente de la nada.

Melvin no solo era el siervo del Señor, sino que se convirtió en mi querido amigo y fuerte aliado desde ese día en adelante. Se interesó por mí personalmente y por el éxito de mi negocio, incluso ayudándome a hacer algunos volantes para publicitar mis servicios.

Descubrí que vivía solo porque su esposa estaba en un hogar de ancianos y él mismo estaba luchando contra el cáncer.

Melvin me dijo una vez que estaba muy contento de que Dios le permitiera conocerme para poder ayudarme. "Porque moriré, Jorge, y estaré con Dios, pero tú apenas estás comenzando, y estarás haciendo crecer tu negocio y creciendo en Dios, así que ahora Él me está permitiendo invertir en algo que continuará, y tendrás un sustento y un futuro.

Pude encontrar más clientes y asumir más propiedades con mi nueva cortadora comercial haciendo que el trabajo fuera más rápido. Ahorré mucho tiempo al no tener que mover constantemente los cables de extensión para alimentar mis herramientas.

Con el tiempo, y a medida que construí una base de clientes más grande, también asumí céspedes más grandes. No le había dicho a Melvin, pero estaba empezando a orar por una cortadora comercial más grande para reducir mi tiempo de corte. Melvin volvió a mí.

"Esa cortadora es buena, pero ahora estás encargándote de propiedades más grandes.

"Oh, esta cortadora está funcionando bien, Melvin. Está bien."

"Es una buena cortadora", dijo él, "pero no es comercial. Vamos a dejarla en tu casa, y yo te llevaré a algún lugar."

"¿A dónde vamos?" pregunté.

"Solo ven conmigo", insistió, "y te mostraré."

Melvin estaba preparando una sorpresa que quería revelar de una cierta manera.

Me dirigió a un negocio en un granero que vendía tractores y equipos para el césped. Me señaló una cortadora comercial de giro cero de Toro.

"¿Te gusta esta?" preguntó Melvin.

"¡Oh, sí!" Costaba más de cuatro mil. "Pero es mucho dinero, y la John Deere está funcionando."

Melvin preguntó el precio al vendedor y dijo: "¡La tomamos!" Y con eso, tenía una gran cortadora comercial.

Así es como Dios eligió bendecirme y cuidar de mis necesidades esos primeros años en mi negocio después de que Brian falleció, a través de un servidor suyo muy generoso llamado Melvin. Lo veía a menudo mientras cuidaba su césped cada semana y lo ayudaba con proyectos en su casa que se habían vuelto difíciles para él de hacer.

Pasamos bastante tiempo juntos hasta que murió de cáncer unos años después. Lo extraño hasta el día de hoy. Era un querido amigo, y nunca olvidaré lo que hizo por mí y cómo Dios lo usó en mi vida.

***

El fallecimiento de Melvin no fue el final de la milagrosa provisión de Dios para mí. Unos años más tarde, tenía aún más trabajo y estaba cuidando de algunas propiedades grandes, incluyendo una que pertenecía a un político del estado. Después de todo, Lansing es la capital, así que hay muchos políticos en la zona.

Era un buen hombre y muy agradable para trabajar. Me preguntó acerca de conseguir un tractor comercial más grande para hacer los grandes jardines más rápido. Le expliqué que me estaba yendo bien, pero que no tenía ese tipo de dinero para conseguir un tractor más grande.

"Son muy caros", le dije.

Aún así, él quería simplemente ir conmigo a mirar. Me llevó al mismo lugar al que Melvin me había llevado antes, pero esta vez estaba mirando un tractor más grande. ¡Este costaba nueve mil dólares!

Para mi asombro, él ofreció: "Jorge, si puedes conseguir la mitad, yo pondré la otra mitad contigo."

"¡Vaya! Bueno, gracias", respondí. "Oraré al respecto y veremos qué pasa. Quizás Dios proveerá la otra mitad."

Muy poco después de esto, otra clienta se interesó en mi situación mientras yo estaba cuidando de su césped y otros similares. Ella quería llevarme de compras a un concesionario de Kawasaki en la ciudad.

Le conté sobre el tractor que había visto por $9000 en el granero.

"¿Sabes qué, Jorge? Estaría dispuesta a pagar la mitad del costo de ese tractor por ti", ofreció.

¡Ahora tenía ambas mitades! No mucho después, era el dueño de un gran tractor comercial para céspedes. Pude expandir mi negocio y contratar ayudantes bajo mí.

Dios ha bendecido mi negocio desde entonces. Incluso cuando necesitaba un nuevo camión para transportar todas estas bendiciones, oré a Dios por el camión que quería, y gracias al dinero extra que había recibido de algunos trabajos, tenía los fondos para pagarlo.

Así es como Dios ha tratado conmigo desde que obedecí ese primer llamado a Lansing. No ha sido un camino fácil, pero él me ha guiado suavemente todo el camino, dirigiéndome y proveyendo cada paso del camino. Todo lo que he necesitado, Dios lo ha provisto.

Capítulo 12

A través de campos de cosecha

En ese tiempo, Francisca y yo estábamos sirviendo juntos en una nueva iglesia hispana. Supervisábamos a los misioneros extranjeros de la iglesia. En ese momento estábamos apoyando a algunos misioneros en Guatemala y El Salvador.

Organizábamos eventos de recaudación de fondos durante todo el año para ayudar a financiar nuestra causa. Una vez al mes, las esposas del comité preparaban los mejores tamales caseros, enchiladas y otros platillos auténticos mexicanos para vender. Así es como podíamos enviar fondos a Sudamérica para que nuestros amigos pudieran continuar su labor evangelizadora allí.

Disfrutamos nuestro tiempo allí y la compañería con la gente, el pastor y su esposa. Realmente me ayudaron a crecer en Dios, enseñándome pacientemente, corrigiéndome y respondiendo mis preguntas.

Durante ese tiempo, también visitamos la Iglesia del Sur, donde Brian y Rolando asistían. Cuando la visité, era una iglesia mucho más grande de lo que estaba acostumbrado. Había personas en la puerta para darme la bienvenida, pero una vez adentro, nadie se acercó a presentarse. Hasta ese momento, solo había visitado iglesias hispanas más pequeñas. Cuando eres invitado en una de estas iglesias, inmediatamente te abruman las personas que se acercan a presentarse e incluso te invitan a almorzar después del servicio. Pero en la iglesia del Sur, visité en tres ocasiones diferentes y pude entrar y salir sin que nadie intentara hacer amistad conmigo. Los servicios eran excelentes, se compartía la palabra de Dios y la música era muy inspiradora. No menciono esto para criticar a la iglesia, sino para mostrar cómo el Espíritu Santo obra. Después de tres veces que me sucedió esto, de no conectar realmente con nadie, pensé: "No quiero ir a esta iglesia. No es como estoy acostumbrado". Pero Dios estaba hablando a mi corazón: "Es aquí. Aquí es donde quiero que te quedes, crezcas y sirvas".

En la cuarta semana, el domingo siguiente a sentir claramente que Dios me decía que me quedara, me sentí mucho más cómodo al entrar a la iglesia. Llené algo llamado una tarjeta de conexión en el boletín semanal. Hay un espacio para indicar en qué área de la iglesia te gustaría involucrarte. Marqué la casilla que decía que me gustaría participar en la música.

Dentro de esa semana, el pastor de adoración, Pastor Corb, me llamó. Me pidió que tocara las congas y la percusión auxiliar junto al equipo de adoración. Después de pasar por el proceso de entrevista para unirme al equipo, asistí a un ensayo del equipo de adoración el miércoles por la noche y toqué la percusión junto al grupo. Conocía todas las canciones de adoración porque las había tocado en la iglesia hispana. Estaban interpretando esas mismas canciones, pero en español. Como los ritmos son los mismos en todos los idiomas, pude tocar cada canción sin perder el ritmo, literalmente.

Después de que terminó el ensayo, el Pastor Corb preguntó a los demás músicos: "¿Qué piensan de Jorge? ¿Está listo para unirse al equipo en un domingo por la mañana?"

Ellos estuvieron de acuerdo: "Está listo".

Estaba tocando con la banda de adoración el siguiente domingo por la mañana.

En esa mañana del domingo, el equipo se presentó para hacer el chequeo de sonido y el último ensayo. Para entonces, ya se había corrido la voz de que nadie me hablaba en la iglesia.

Sabían que lo habíamos discutido, así que el Pastor Corb dijo en tono ligero: "Asegúrense de darle la bienvenida a Jorge al equipo".

Los miembros del equipo, uno por uno, vinieron a saludarme, comenzando con el pianista, John.

"Lo siento, hermano, perdónanos", dijo con una cálida sonrisa que ahora conozco bien.

101

El camino milagroso y el después

Después de John, cada uno dijo alguna combinación de "lo sentimos" y un saludo.

"No se preocupen, hermanos, pero la próxima vez, asegúrense de acercarse a alguien nuevo si lo ven. No esperen a que alguien más lo haga".

Estoy tan agradecido de haber seguido el llamado de Dios para ir a la Iglesia del Sur. La gente allí se ha convertido en mi familia, y he crecido mientras servía allí y asistía a los servicios y estudios bíblicos para hombres.

Todavía mantuve mi conexión con las iglesias hispanas de la ciudad, y hasta el día de hoy, después del servicio en la Iglesia del Sur, me dirijo a la iglesia Ministerio Proclamación para servir en el liderazgo y tocar mis congas en la adoración. Francisca y yo continuamos con los estudios bíblicos en los hogares con nuestros hermanos y hermanas allí, y estábamos viendo frutos de esas reuniones.

También continué en ese momento un ministerio que había comenzado con Rolando, teniendo estudios bíblicos con el equipo de béisbol Lansing Lugnuts. Los Lugnuts son un equipo de béisbol de ligas menores que tiene su propio estadio en el centro de Lansing. Atrae a jóvenes de todo el país que buscan obtener experiencia en ligas mayores y esperan ser contratados por un equipo profesional. Rolando y yo pudimos ministrar allí, teniendo una conexión especial con muchos de los jugadores de habla hispana que forman una parte importante del equipo.

El pastor Don Denyes de la Iglesia del Sur era el capellán principal en ese momento. Él compartía fielmente la palabra con el equipo en sus servicios de capilla.

Cuando tuve la oportunidad de compartir mi testimonio con los Lugnuts por primera vez, realmente quería enfatizar la urgencia del mensaje.

"Hoy es el día de salvación, no mañana".

No me contuve. Me aseguré de que escucharan todo el mensaje del evangelio en esa primera reunión, y al final, pregunté quién quería ser salvo. Cinco hombres levantaron sus manos. No solo estaban levantando las manos para indicar que habían orado la oración conmigo. Estaban levantando sus manos para decir: "Quiero ser salvo".

Más tarde, cuando escribí mi informe de la noche para los registros que los capellanes guardan, el pastor Denyes vio mi informe.

"¿Cinco personas aceptaron a Cristo?" Se sorprendió.

Le expliqué lo que les había hablado a los jugadores. Él dijo alegremente: "Jorge, eres un hombre que dice las cosas como son".

Rolando y yo continuamos visitando regularmente a los Lugnuts con el pastor Denyes después de eso y vimos fruto de ese ministerio. Eran jóvenes que consideraban al Dios de la Biblia, algunos por primera vez, y otros creciendo en su fe a través del estudio de la Palabra.

Continué ministrando con los Lugnuts junto a Rolando y vi hermanos venir a Cristo y crecer hasta que perdimos a Rolando en 2018. Su experiencia cercana a la muerte en el automóvil de hace años debilitó su corazón y pulmones, dejándole efectos duraderos hasta que el Señor se lo llevó a casa, dejando atrás a su querida esposa, Sue. Hablé en su funeral como lo hice en el de Brian. Todavía siento la pérdida de mi hermano, Rolando, y extraño compartir la vida con él. Tuvo un gran impacto en mi vida que nunca olvidaré.

A medida que he seguido conociendo nuevos hermanos en la Iglesia del Sur y teniendo estudios bíblicos en mi hogar, he compartido este testimonio de mi origen en México, mi adicción a las drogas y el alcohol, mi conversión a Cristo y la guerra espiritual que he enfrentado y sigo experimentando en cierta medida, ya que los demonios de mi pasado desean llevarme de vuelta a mi antigua vida. Muchas personas se han sentido alentadas por la obra del Señor en mi vida, creyendo que alguien como yo nunca podría mejorar solo con el esfuerzo humano. Verme adorando al Señor detrás de las congas en el escenario es evidencia de que el Espíritu de Dios está obrando. Si Dios puede tomar a un adicto sin esperanza de las calles y cambiar completamente mi vida y mis prioridades, entonces puede hacerlo por cualquiera.

La gente en la iglesia me pregunta cómo pude dejar de usar drogas. Les digo que muchas veces lo intenté, y diferentes personas y grupos intentaron ayudarme en el camino, pero mi mente siempre me decía que no había forma de detenerme. Era una batalla espiritual. No fue hasta que entregué mi vida a Cristo que tuve el poder del Espíritu Santo para producir un cambio duradero.

Para las personas que han sido criadas en un hogar cristiano o en cualquier hogar decente, para muchos que nacen y crecen en Estados Unidos, o para aquellos que nunca han sido tentados por las drogas, mi historia suena dramática e incluso surrealista.

"La historia de tu vida debería ser una película de Lifetime, Jorge", algunas personas bromeaban conmigo. Empecé a pensar que era cierto.

A TRAVÉS DE CAMPOS DE COSECHA

En muchos sentidos, mi vida se siente como si estuviera en una película, una historia dramática sobre un hombre pobre y sin esperanza de las calles de un país pobre, un adicto sin hogar que está fuera de sí, que nunca puede cambiar por sí mismo. Luego, Dios interviene, lo levanta y lo pone de pie, le da comida y refugio, ropa nueva y un corazón nuevo. Luego, Dios lo guía en un viaje, donde aprende a confiar en Él para cada una de sus necesidades. En el camino, el hombre es secuestrado, perseguido por traficantes de drogas, enfrenta un viaje imposible, y Dios lo rescata cada vez de manera milagrosa. ¡Seguramente la versión de la película mostrará a los ángeles y demonios que luchaban por mí en esos tiempos! ¡El hombre que estaba tendido en las calles de México, enfermo y casi muerto, ahora camina en el camino de una vida abundante!

El antes y el después es tan dramático y completo que el hombre que una vez fue un alcohólico irresponsable que abandonaba a su familia, ahora es un hombre de familia, con una esposa de casi dos décadas, hijos y nietos. Un "niño pobre y sucio" criado en un establo de burros, que no podía aprobar ninguna materia en la escuela, ahora es un exitoso empresario, ¡cuya esposa lo mantiene siempre bien vestido! Un hombre que estuvo completamente cautivo de los deseos que lo mantuvieron encadenado durante años, ahora está libre de hábitos destructivos. Un ex adicto ahora está consumido por el deseo de compartir el poder salvador de Jesucristo y las bendiciones de caminar en Su Espíritu con cualquiera que esté dispuesto a escuchar.

La obra de Dios en mi vida es tan innegable que sé que puedo confiar en Él para cualquier cosa. No hay otra explicación terrenal para las cosas que me han sucedido.

***

Hablando de milagros innegables, como escribí en un capítulo anterior, después de convertirme en creyente, me volví a conectar con mi madre por teléfono y hemos hablado casi a diario desde entonces. Con el paso de los años, mi madre desarrolló problemas de úlceras en el estómago que le causaban mucho dolor.

Poco después del fallecimiento de Brian, recibí una llamada de mi hermana mayor. Ella me dijo que la úlcera de mamá había estallado en su revestimiento estomacal, causando un sangrado interno. Los médicos dijeron que no podían hacer nada para ayudarla y la enviaron a casa para que muriera en paz allí. Tenía sangre saliendo por la boca y la nariz.

Mi hermana me llamaba para informarme que era hora de despedirme.

Por supuesto, mi principal preocupación era que mi madre nunca había afirmado conocer a Cristo. Aunque ella conocía mi testimonio y yo había intentado testificarle, no estaba seguro de que hubiera aceptado a Jesús para sí misma. Estaba tomando analgésicos y no tenía la energía para hablar realmente conmigo, pero me dijeron que podía escuchar y entender.

Compartí el evangelio con ella por teléfono, de la mejor y más sencilla manera que sabía, sabiendo que el tiempo se agotaba. Le compartí un versículo de Romanos 10:9-10:

> *Si confiesas con tu boca que Jesús es el Señor y crees en tu corazón que Dios lo levantó de entre los muertos, serás salvo. Porque con el corazón se cree para ser justificado, pero con la boca se confiesa para ser salvo.*

Oré por su sanidad física y, lo que es más importante, por su sanidad eterna a través de la salvación. Ella permaneció en silencio al otro lado de la línea, pero la familia me aseguró que podía escucharme.

Finalmente dije: "Si puedes entenderme y quieres aceptar a Jesús como tu Salvador, solo di 'Acepto'".

Para mi sorpresa, vino la respuesta: "¡Acepto!"

¡Me emocioné! En ese momento creí sinceramente que ella había aceptado a Cristo, pero, para alabar a Dios, no solo tengo una confesión en el lecho de muerte como esperanza de la salvación de mi madre. ¡Eso se debe a que después de ese día, ella vivió otros diecisiete años como creyente en Cristo!

Después de la oración, su condición mejoró hora tras hora. Se sentía mejor y mejor, y sus úlceras finalmente sanaron. Volvió a sus médicos y quedaron sorprendidos. Dijeron que no había explicación para su mejoría.

Disfruté de otros diecisiete años con mi madre, conectando con ella de una manera más profunda de lo que podría haberlo hecho antes gracias a nuestra fe compartida en el Señor. Ella había experimentado su propio milagro de primera mano mientras Dios le daba una vida larga.

Cuando finalmente murió, estaba al teléfono conmigo. Estaba orando por ella. Parecía tan feliz y en paz.

Le pregunté: "¿Cómo está allá?"

Ella dijo: "Todo se ve bien. Se ve bien. Es hermoso", repetía.

Debe haber estado viendo algo mientras su espíritu abandonaba su cuerpo. Seguía diciendo que todo se veía bien y hermoso, hasta que se quedó en silencio. Se había ido.

Agradezco a Dios que se llevara a mi madre pacíficamente en su hogar y que sé, sin lugar a dudas, que ella está en Su gloriosa presencia.

Aunque siempre lamentaré la pérdida de mi madre, el Señor restauró a mi familia de una manera grandiosa.

Como recordarás, intenté volver a conectar con mis cuatro hijas en México, pero no pude hacerlo debido al dolor y los problemas que les había causado.

Durante cinco años de silencio, solo podía orar por ellas. Entonces, un día, para alabar a Dios, una por una, mis cuatro hijas me llamaron para ofrecerme su perdón.

Cinco años después de convertirme en creyente, pude tener una relación con mis hijas nuevamente. He podido apoyarlas y compartir la vida juntos a pesar de la distancia. He podido estar involucrado en las vidas de mis nietos e intento conectarme con ellos semanalmente a través de videollamadas. Ha sido una tremenda bendición para mí, por la cual estoy verdaderamente agradecido.

En los últimos años, he sentido que Dios me habla al corazón para escribir este libro, para compartir la historia de todo lo que ha hecho por mí, con la esperanza de que pueda tocar a alguien. Este mundo está lleno de personas que enfrentan adicciones, personas que están en una situación desesperada. Incluso hay innumerables inmigrantes sin hogar como yo que no conocen al Señor. Quería escribir un libro para esas personas.

Hay creyentes cuya fe es apagada. No conocen el poder de caminar en el Espíritu de Dios, por lo que tal vez temen dar un paso de fe y hacer lo que Dios ha puesto en sus corazones para hacer. Debido a que no tenía nada y era el peor de los pecadores, sé lo que significa depender completamente del poder de Dios. Tuve que caminar en una oscuridad profunda para apreciar plenamente lo que significa caminar en la luz. Y para aquellos que no sienten que tienen un testimonio dramático, les digo que ese es el mejor testimonio. Aceptaste a Cristo a una edad temprana y viviste, no una vida perfecta, pero una buena vida como un niño que pertenece a Dios. Debido a que fuiste criado con el conocimiento de Cristo, evitaste los años de dolor y sufrimiento por los que pasé en mi vida. Ese es el mejor testimonio, así que no busques otro.

Incluso conozco a un joven que creció en la iglesia y que quería salir y conseguir un testimonio. Pensaba que podía alejarse de la fe por un corto tiempo para tener experiencias de las que pensaba que se estaba perdiendo, para poder regresar con algo que compartir. No pudo arrepentirse rápidamente como esperaba. El pecado lo llevó más lejos, mucho más lejos de lo que tenía planeado. Se volvió adicto a un estilo de vida destructivo y nunca regresó. Murió joven.

A los ojos de Dios, incluso una persona buena sin Cristo podría ser espiritualmente tan pobre como yo cuando estaba tendido en las calles de Chihuahua. Esa persona necesita a Cristo tanto como yo lo necesitaba, y tal vez mi testimonio también pueda ayudar a alguien así.

Aunque siempre tuve en mi corazón contar mi historia en un libro, aún no me había sentado a escribirlo. Mi negocio, mi ministerio en la iglesia y mi familia me han mantenido ocupado. Los días, semanas y meses pasaron antes de que me sentara a escribir. Incluso durante este tiempo, me han invitado a compartir mi testimonio en varias iglesias, e incluso eso me ha llevado a viajar a otros estados para hablar en iglesias. Al mismo tiempo, sentía que Dios me

El camino milagroso y el después

estaba impresionando: "Jorge, escribe este libro", así que sabía que este proyecto iba a suceder. El Señor no me ha traído hasta aquí para terminar mi viaje en silencio. Sé que Él quiere usarme para Su gloria.

A medida que se me presentaban más oportunidades para compartir mi testimonio, me emocionaba más la idea de comenzar a plasmar mi historia en papel. Pero justo en ese momento, ocurrió otro milagro que me impulsó a dar el paso final.

CAPÍTULO 13

El camino de la vida

DIOS HACE MILAGROS TODOS LOS DÍAS. LOS MILAGROS NO siempre ocurren cuando o donde esperamos recibirlos. Debemos estar listos para los milagros en cualquier momento y en cualquier lugar. No decimos: "Dios, hazme un milagro", esperando que actúe a nuestro comando, ¡porque Él es Dios! Debemos estar atentos y preparados para lo que Dios quiera hacer.

Unos meses antes de comenzar a escribir este libro, noté un bulto en la parte posterior de mi cuello. Podía sentirlo cuando lo rozaba con la mano. Me preocupaba, así que fui a ver a un médico en Cristo del Rey. El médico realizó algunas pruebas y me dijo que era un tumor, pero no era canceroso.

El camino milagroso y el después

Dijo que no era algo de qué preocuparse, pero si me molestaba, podía ver a un dermatólogo y someterme a una cirugía estética para quitarlo. Sin embargo, me advirtió que sería costoso ya que no era médicamente necesario.

Por un tiempo, estuve satisfecho con esta respuesta, pero gradualmente el bulto siguió creciendo. Comenzó a molestarme mucho. Francisca y yo oramos al respecto. Oramos para que Dios me diera sanidad o que abriera un camino para que pudiera hacerme la cirugía que pudiéramos pagar. En ese momento, no tenía seguro médico.

Después de orar, ya no estaba preocupado. Después de todo lo que Dios ha hecho por mí, sé que no tengo que preocuparme por nada. Confío en que Dios cuidará de mí. Pensé: él me ha traído hasta aquí, así que ciertamente puede ocuparse de este bulto en mi cuello.

Finalmente, recibimos una llamada de que un médico a través de Cristo del Rey, un ministerio cristiano, realizaría mi cirugía en el hospital local. Agradecimos a Dios porque finalmente podría sacar esta preocupación de mi mente. Dios había provisto para mí una vez más. Me dijeron que no sería una cirugía importante. Sería una cirugía menor, ambulatoria, que duraría unos 35 minutos.

El día de la cirugía, mientras las enfermeras y los médicos me estaban preparando para la cirugía, les estaba hablando de mi libro. Soy un chico divertido y me gusta bromear con la gente, así que les estaba haciendo bromas de manera amigable.

Dije: "Deben hacer un buen trabajo, porque voy a hablar de mi cirugía en mi libro".

Se rieron mucho con eso.

"No te preocupes", dijeron. "Esta no es una cirugía complicada. Lo haremos en unos 35 minutos".

"Bueno, bueno, hermanos", les dije, "porque necesito volver de inmediato a trabajar en mi libro".

El anestesiólogo, que había escuchado todo esto, se presentó. Extendió su identificación en su cordón, de modo que la tarjeta quedó frente a mi rostro.

"Recuerda este nombre, para que puedas ponerlo en tu libro", se rió.

Nos reímos de nuevo, pero no recuerdo su nombre. No recuerdo mucho después de eso porque rápidamente me quedé dormido para la operación.

Mientras tanto, Francisca estaba en la sala de espera, orando por mí y esperando noticias del médico, pero no estaba preocupada porque la cirugía era tan sencilla.

Después de unos treinta y cinco minutos, justo cuando Francisca esperaba escuchar que la cirugía había terminado, el médico salió para informarle que la cirugía había ido muy bien. Le dijo que todo salió según lo esperado. El tumor había desaparecido y pronto me enviarían a la sala de recuperación. Francisca se sintió aliviada, pero eso era lo que esperaba escuchar de una cirugía de rutina.

Diez minutos después, el médico volvió a aparecer como se esperaba, pero tenía una expresión seria. "Algo anda mal", explicó. "No podemos despertar a Jorge".

Mientras los médicos y las enfermeras se acercaban a mí en la sala de operaciones, sentía que temblaba. Después de eso, sentí paz. La clase de paz que se siente al volar en un avión de lujo, cruzando a gran altitud, deslizándose por el aire sin turbulencias.

Estaba en las nubes. A mi alrededor había un cielo azul profundo con nubes esponjosas y blancas flotando. Debajo de mis pies había un camino, como un sendero que subía. La calle en la que estaba era de un brillante oro. Encastradas en el oro había piedras de colores hermosos. Es difícil encontrar las palabras para describir lo hermoso que era: debajo de mis pies había joyas de color verde pistacho, rojo brillante, amarillo y azul. Caminaba hacia arriba y no sentía que fuera difícil ni requería esfuerzo alguno, como si estuviera siendo llevado. Me preguntaba si iba hacia arriba para encontrarme con Dios.

Estaba mirando hacia adelante, pero un par de veces me volví para mirar atrás. De repente, cuando miré hacia atrás, vi mi vida. Intenté mirar hacia abajo y allí vi escenas de toda mi vida. Vi a Francisca detrás de mí, y no solo a Francisca misma, sino que estaba viendo mi vida con ella y nuestro matrimonio, incluso el día de nuestra boda.

Me sentí mal por dejar a Francisca atrás, pero aún así me sentí impulsado a seguir adelante, aunque sabía que ella no podía seguirme. De alguna manera, sabía que debía seguir subiendo por el camino de joyas, y aún así, una vez más, no requería esfuerzo caminar hacia arriba.

Pero de nuevo, mientras avanzaba hacia adelante y hacia arriba, me volví hacia atrás. Vi todo de mi vida. Muchas de las partes oscuras que había dejado atrás: mis tiempos en las calles, consumiendo drogas, vendiendo drogas y bebiendo hasta el olvido, conduciendo el autobús de chófer y las fiestas salvajes de mi vida anterior. Vi a mi primera esposa y a mis hijas, y vi la escena de ellas pasando junto a mí cuando yo estaba tendido, indefenso, en la calle. Vi a Brian Phillips recogiéndome en su furgoneta de trabajo y escenas de la casa de los Phillips, y mi viaje en automóvil desde Phoenix a Lansing, y todos los "ayudantes" que Dios envió en todo el camino.

Vi una escena que me sorprendió. Vi a mi abuela parada en la cocina de la pequeña casa blanca en Santa Bárbara. Yo era solo un niño en ese entonces, y mi abuela me estaba explicando la historia del evangelio y el plan de salvación. No había pensado en eso durante mucho tiempo. ¿Fue realmente la semilla que mi abuela sembró en mí lo que comenzó mi viaje con Cristo? ¿Me había protegido Dios a pesar de mi comportamiento pecaminoso porque le pertenecía en aquel entonces? ¿Fue por el bien de las oraciones de mi abuela en aquel lugar oscuro que Dios me preservó hasta ahora?

Mientras seguía avanzando, me entristeció dejar atrás a Francisca y a mis seres queridos, pero en cuanto a los recuerdos dolorosos, sentí que Dios me estaba diciendo que estaba bien dejarlos atrás, que él me estaba llevando más allá de esas cosas.

Sentí una paz mientras avanzaba, como si estuviera destinado a ver al mismo Cristo en la cima de este camino. Continué con esa sensación de paz hasta que escuché voces que decían mi nombre, y la voz del anestesiólogo, diciendo claramente: "Jorge, recuerda mi nombre cuando escribas tu libro".

Cuando volví a ser consciente de mi entorno, me di cuenta de que estaba en mi cama de hospital rodeado de dos docenas de médicos, enfermeras y otros profesionales, y de Francisca, a quien pude ver que había estado llorando.

Me sorprendió saber que, aunque la cirugía había salido bien, no podía despertar de la anestesia. Los médicos explicaron que durante el tiempo en que estuve bajo los efectos de la anestesia, tuve dos convulsiones y un pequeño ataque al corazón. Durante treinta y tres minutos, continué así, incapaz de despertar. Mis pulmones y mi corazón no podían funcionar por sí solos. No podía respirar.

Mis médicos se aliviaron al verme despierto y hablando. Me explicaron lo que había pasado.

"Dale tiempo a ti mismo", dijeron, "para recuperarte".

Dijeron que podría llevar seis meses recuperarme por completo y que necesitaba hacer arreglos para tomar un tiempo libre del trabajo mucho más largo de lo que había planeado inicialmente.

"Me siento bien", les aseguré. Y de hecho me sentía bien. Como si acabara de despertar de un sueño reparador. Pero trataron de prepararme para la posibilidad de que tuviera daños a largo plazo debido a la falta de oxígeno.

El cirujano llamó a un neurólogo para evaluar el daño que me había ocurrido. Él dijo: "Es mi deber decirte que no debes conducir durante seis meses. Podrías tener convulsiones, así que necesitarás a alguien que te lleve en automóvil".

Seis meses. Esta era una muy mala noticia, especialmente considerando la naturaleza física y la necesidad de conducir en mi trabajo.

Pasé algunos días en la unidad de cuidados intensivos. Durante este tiempo, mi esposa me contó lo asustada que estaba cuando me vio por primera vez con un tubo en la garganta, sueros colgando de brazos morados y todos los monitores cardíacos conectados a mí. Según ella, parecía que estaba muerto. Sin embargo, yo realmente me sentía bien y ninguno de los problemas de los que los médicos me habían advertido parecían afectarme. Incluso me sentía mejor que antes de la cirugía.

De hecho, para sorpresa de todos, al día siguiente de ser dado de alta, volví a trabajar. Me sentía más que bien. ¡Me sentía genial! Como si no hubiera nada malo en mí.

De hecho, trabajé todo el día siguiente, poniendo energía en mi trabajo, y me sentí lo suficientemente bien como para asistir a la iglesia el domingo siguiente.

Poco después, fui al servicio de Acción de Gracias en la iglesia South. El servicio de Acción de Gracias es especial. Siempre se lleva a cabo el martes por la noche antes del Día de Acción de Gracias. Hay algunas canciones y un breve mensaje sobre dar gracias, seguido de un tiempo para compartir las bendiciones por las que estamos agradecidos. Se pasa un micrófono a cualquiera que desee compartir sus bendiciones del año pasado. Estaba tan agradecido de que Dios me hubiera dado sanidad cuando esperaba una larga recuperación, y me sentí inspirado por la visión que había tenido de mi vida, así que decidí tomar mi turno en el micrófono y compartir esta historia con la congregación.

Le conté a la congregación un poco de mi testimonio pasado y expliqué la razón y los resultados de mi cirugía. Les hablé de lo que Dios me mostró mientras estaba bajo anestesia, el camino dorado, lleno de joyas, brillante, que se elevaba hacia las nubes, y las escenas de mi vida que quedaban detrás.

Después del servicio, todos nos dirigimos al gimnasio de la iglesia, donde tuvimos una reunión social con pasteles, que es una tradición anual en la iglesia. Mientras estaba allí, varios de los hermanos se acercaron a darme la mano y expresar su apoyo por lo que había pasado, y me hicieron más preguntas sobre mi experiencia.

Mientras compartía con un grupo de hermanos, noté a un niño y su padre esperando para hablar conmigo. No los reconocí y no recuerdo sus nombres. Cuando los saludé, el padre se dirigió a su hijo y le dijo: "Muéstrale qué libro has estado leyendo". Su hijo tomó el libro que sujetaba contra su pecho y volteó la portada para que me mirara: "33 minutos en el cielo".

Para mí, esto fue una señal del Señor que me ayudó a comprender cómo ver lo que me había sucedido y lo que había visto. Me aclaró que la visión provenía del Señor y que él me estaba mostrando mi vida. Creo que durante treinta y tres minutos salí de mi cuerpo. Dios me permitió ver de dónde venía y cuánto me había llevado. Me estaba recordando la historia que me había dado y el testimonio que tenía la intención de compartir con otros para su gloria. Me estaba dando el impulso que necesitaba para escribir este libro.

Capítulo 14

Hoy

MI HISTORIA ES UNA HISTORIA DE "ANTES Y DESPUÉS". El hombre que era antes estaba muerto, un esclavo sin esperanza de mis adicciones. El hombre que soy hoy está completamente transformado de lo que era antes. El camino por el que Dios me ha guiado ha estado marcado por milagros, oraciones respondidas y provisión que solo puedo explicar como obra de un Salvador amoroso y todopoderoso. Mi viaje en este camino me ha llevado de adicciones devastadoras a una vida abundante en Cristo. ¡Toda la gloria a Dios!

En cuanto a mi experiencia cercana a la muerte durante la cirugía, Dios me sanó perfectamente. De hecho, estoy mejor que antes. Antes de la cirugía, tomaba medicamentos: pastillas para la presión arterial alta, la diabetes y el colesterol alto. Después de la cirugía, sentí un cambio. Me sentía mejor que nunca. Probé mi presión arterial y mi nivel de azúcar en la sangre, y todo estaba normal. Parece que he sido sanado de esas condiciones. Ahora no tomo ninguna pastilla para nada. Fue como un reinicio para mi sistema. Estoy mejor ahora que cuando ingresé a la cirugía.

El domingo siguiente, cuando pude caminar por mi cuenta hacia la iglesia, dije: "Gracias, Dios". Él me salvó de la muerte y habló a mi corazón una vez más. Después de lo que Dios hizo por mí, pensé que seguramente puedo esforzarme más por Él. Dios podría haberme llevado a casa durante esa cirugía, pero no era mi momento. Creo que me dio nueva energía para vivir para Él. Ver ese glorioso camino me recordó cuánto me ha llevado y me dio un impulso para contar mi testimonio en este libro. Esta historia no se trata de mí. Se trata de Dios y lo que ha hecho en mi vida.

Se trata de lo que continúa haciendo. Al escribir esto, todavía estoy sirviendo como capellán hispano del equipo de béisbol Lugnuts. Toco con el equipo de adoración en la iglesia South los domingos por la mañana, y luego, Francisca y yo pasamos la tarde y la noche en la iglesia Ministerio Proclamación Internacional, donde sirvo en el equipo de liderazgo y toco las congas.

En el momento de escribir esto, Francisca y yo llevamos diecinueve años de matrimonio. Dirigimos un grupo en nuestra casa que se reúne todos los martes, donde vemos a personas venir al Señor y ser bautizadas. De hecho, recientemente realizamos un servicio de bautismo para diecisiete nuevos hermanos y hermanas en Cristo. He sido testigo del poder de Dios a través de milagros, sanidades y vidas transformadas como la mía. Él me ha enseñado a escuchar su voz y caminar por su Espíritu.

Espero que, al compartir mi historia, otros escuchen lo que Dios ha hecho por mí y glorifiquen a Dios. Oro para que aquellos que escuchen mi testimonio vean el antes y el después. Soy una prueba viviente de que no hay nadie tan perdido que Dios no pueda salvar.

Ruego que cualquier persona que esté leyendo este libro y no haya entregado su vida a Cristo no espere ni un momento más. Te dejo con el mensaje que llegó a mi corazón hace muchos años, Mateo 11:28. Jesús dice: "Vengan a mí todos los que están cansados y agobiados, y yo les daré descanso". ¡No solo las Escrituras te invitan a acercarte a él, sino que, de hecho, Jesús mismo dice que él está viniendo hacia ti, directamente a la puerta de tu corazón! Escucha las palabras de Jesús en Apocalipsis 3:20:

> *He aquí, yo estoy a la puerta y llamo; si alguno oye mi voz y abre la puerta, entraré a él, y cenaré con él y él conmigo.*

No es por casualidad que estés leyendo este testimonio. Dios se está acercando a ti. Te está invitando a aceptarlo en tu corazón y en tu vida. ¡No esperes! Hoy es el día de salvación. Ninguno de nosotros tiene garantizado el mañana. Así que no lo pospongas para otro día.

¡Solo hay hoy!

Fotos

Este es el mas temprano foto tengo de mi mismo. Fue tomado hace unos 20 anos en un evento de evangelizacion para la Iglesia de Dios.

Mis padres espirituales, Brian and Lynn Phillips.

FOTOS

Francis yo el dia de nuestra boda en la Inglesia de Dios Hispanza. Brian fui mi padre.

Rolando y yo el dia de mi boda.

123

Comiendo tacos con mi madre espiritual, Lynn Phillips la primavera pasada en Grand Rapids. Estamos emocionades por el libro.

En la estadio de la Facultad de Derecho de Cooley, donde soy el capellan de Higanic el equipo.

FOTOS

Día del Latino con los jugadores de Lugnuts. He estado ministrando con ellos por muchas tiempo, asi que me pidieron que me tomara una foto con ellos, con las banderas de sus pais de origen. Doy gracias a Dios por cada uno de ellos.

Baptizamos a once hermanos en nuestra familia de la iglesia, y yo bauticé a tres nuevos creyentes de mi grupo base. ¡Toda la gloria a Dios!

Jorge Navarro vive en Lansing, Michigan con su esposa Francisca. Es dueño de una empresa de paisajismo mientras sirve activamente en dos iglesias. También dirige una vibrante iglesia local y ha servido como capellán del equipo de béisbol Lansing Lugnuts durante más de quince años.

Jorge ha viajado por el país compartiendo su testimonio y ha llevado a muchas personas a Cristo, instándolas a no posponer el regalo de Dios de la salvación para mañana. ¡Solo hay hoy!

Si desea comunicarse con Jorge con preguntas o solicitudes para hablar, puede comunicarse con él al (517) 894-2261.